Protéger sa santé mentale après la crise

Pr Nicolas Franck
Pr Frédéric Haesebaert

Protéger sa santé mentale après la crise

Odile Jacob

3, rue Auguste-Comte, 75006 Paris

www.odilejacob.fr

ISBN : 978-2-4150-0739-3

Introduction

Le livre que vous tenez entre les mains n'est pas un simple ouvrage consacré aux conditions de notre bien-être – un de plus ne manqueriez-vous pas de dire. Celui-ci va bien au-delà. Pour la première fois, les relations entre l'homme et son environnement – en période post-Covid s'entend – y sont considérées à travers les enjeux de ses liens avec la nature, d'une part, et avec la technologie, d'autre part. Pendant la pandémie, la possibilité d'avoir accès à un environnement extérieur végétalisé et le fait d'avoir maintenu des liens sociaux grâce à Internet se sont révélés être des priorités absolues pour nous autres humains, et ce à un degré dont nous n'avions pas encore mesuré l'ampleur. Nous analyserons ces deux conditions sous l'angle de notre santé mentale.

Au fond, nous nous sommes demandé comment nous allions, après ce que nous avions vécu collectivement. Nous avons cherché à identifier ce qui nous avait permis de surmonter l'épreuve et de quoi nous aurions besoin à l'avenir. Les résultats de cette analyse ne sont pas spécifiques d'une crise donnée ; ils sont au contraire universels ; en avoir connaissance permettra d'agir, individuellement et collectivement, sur les déterminants de notre bien-être.

Tout au long de ce livre sera analysé, sur la base des données scientifiques actuelles, ce qui nous est apparu délétère, mais surtout ce qui nous a été bénéfique pendant cette période. À l'issue de sa lecture, vous disposerez – nous l'espérons – de solides pistes pour prendre soin de vous. Ayant compris les effets de la pandémie, vous cernerez mieux quelle place les écrans ont occupée et gardent dans notre quotidien, l'ampleur des bénéfices qui en découlent, mais aussi les inconvénients pour notre santé et la manière de se prémunir d'une utilisation nocive. Vous découvrirez aussi la force des liens profonds que l'homme entretient avec la nature et l'importance de se considérer en toute conscience en tant que l'une de ses composantes. L'un des objectifs de ce livre est de questionner notre mode de vie à travers ce prisme et de dégager des pistes quant aux façons de se préserver, notamment en redéfinissant ce qui est essentiel pour nous et en renouant des liens plus étroits avec elle.

Ce livre a été écrit dans une période encore très marquée par la pandémie de coronavirus et par le risque d'y succomber. Au printemps 2023, le décompte officiel des décès consécutifs à une infection par ce virus s'élevait à près de 7 millions dans le monde et plus de 160 000 en France ; selon les communiqués de presse publiés par l'OMS le 5 mai 2022 puis le 5 mai 2023 ce nombre aurait été largement sous-estimé et il est probablement plus réaliste de considérer qu'il a atteint 13,3 à 16,6 millions fin 2021 et 20 millions un an et demi plus tard.

Non seulement le passage de la période de pandémie à celle de la postcrise ne fait pas l'objet d'une transition nette, mais il est très difficile de prévoir les conséquences à long terme des premières années de la décennie 2020. La plupart des repères de sécurité et de stabilité – services de santé efficaces, liberté de circulation, relations sociales non contraintes, sécurité physique, environnement globalement bienveillant, opulence économique – que nous avions construits durant les dernières décennies ont vacillé et ne se sont pas rétablis.

À l'issue de la pandémie, on peut anticiper que les changements observés dans le domaine de l'emploi et de notre mode de vie s'inscriront dans la durée. Dans un monde où une maladie peut vous emporter à chaque instant, nombre d'entre nous privilégient dorénavant leur bien-être immédiat et leur qualité de vie. Le travail et ses contraintes n'ont plus leur faveur. Cette tendance a entraîné des pénuries de personnel dans tous les domaines d'activité, un recours considérablement accru au télétravail et un exode urbain. La crise sanitaire combinée à la crise du réchauffement climatique nous a fait prendre conscience que nous pourrions vivre différemment, en consommant moins, en investissant plus intensément notre lieu de vie et en réduisant notre impact sur l'environnement. Le déclenchement de la guerre en Ukraine le 24 février 2022 et l'augmentation consécutive du coût des denrées alimentaires et des matières premières, mais aussi l'explosion du prix de l'énergie n'ont fait qu'accentuer les effets de la crise et ont contribué à marquer la fin d'une longue période de stabilité.

La peur du virus, l'écoanxiété et les effets de la perte de liberté, due aux mesures prises par les gouvernements pour lutter contre la propagation de la pandémie à partir de début 2020, ont favorisé l'émergence d'angoisses existentielles, caractérisées par une vision négative de l'avenir et un sentiment de profonde insécurité, pouvant, pour certains, aller jusqu'à constituer un vécu de « fin du monde ». Alors que chacun a pu voir son bien-être s'altérer, les plus fragiles d'entre nous ont développé une dépression, une anxiété, voire d'autres troubles psychiatriques. Ces conséquences sur notre santé mentale, déjà décrites dans *Covid-19 et détresse psychologique*[1], ont autant accentué la prise de conscience due à la crise, aux crises même puisque la guerre en Ukraine et celle de l'énergie se sont intriquées avec la fin de celle du coronavirus, et qu'elles ont pu être amplifiées par cette dernière.

Quoi qu'il en soit, la souffrance psychique dans ses diverses expressions a explosé. Les plus résilients d'entre nous ont fait face seuls ou se sont entraidés pour surmonter l'épreuve. Ceux qui étaient plus fragiles ont eu recours à des professionnels ou à des structures de santé mentale. Or celles-ci se sont retrouvées progressivement en pénurie de personnel soignant, à l'instar de nombreux autres secteurs qualifiés d'essentiels. La conjugaison de l'augmentation de la demande avec une réduction de l'offre a provoqué de fortes tensions dans un secteur souvent peu lisible, aggravant les difficultés d'accès à des soins appropriés. Cela fait des années que de nombreux Français souhaitant prendre rendez-vous avec un psychiatre ou un psychologue butent sur des refus successifs ou font face à de longs délais d'attente. Cette situation s'est amplifiée avant de se généraliser en 2021. Loin de s'amender malgré la fin de la pandémie, elle s'est encore aggravée en 2022 et en 2023.

Une façon d'améliorer l'accès à des soins psychologiques ou psychiatriques pourrait consister en la création de centres

1. Pr Nicolas Franck, *Covid-19 et détresse psychologique. 2020 l'odyssée du confinement*, Odile Jacob, 2020.

d'accueil, d'évaluation et d'orientation sur tout le territoire. Ce type de structure publique a l'avantage de recevoir à court terme (quelques jours après la demande de rendez-vous) et sans filtre les personnes qui souhaitent avoir un avis psychiatrique afin de pouvoir s'orienter ensuite vers le professionnel ou la structure appropriés aux besoins identifiés. Un premier centre d'accueil, d'évaluation et d'orientation de ce type a été créé à Lyon en juin 2020. Trois ans et demi plus tard, il est patent qu'il donne satisfaction ; il a en effet permis à de nombreuses personnes ayant des états mentaux à risque ou des troubles caractérisés de bénéficier de soins précoces au lieu de perdre des chances de se rétablir en raison des risques d'aggravation qui n'auraient pas manqué de survenir si rien n'avait été fait. Cette expérimentation gagnerait à s'étendre en France. Elle a mis en exergue la souffrance psychique générale ressentie et les facteurs qui l'ont précipitée. Elle nous a poussés, nous psychiatres du service public hospitalier et responsables de l'enseignement de la discipline, à nous interroger sur la manière de rebondir.

Cet ouvrage met en évidence ce que la crise sanitaire a changé dans nos vies : le manque de lien social, compensé par le recours aux écrans, et un besoin souvent insatisfait d'accéder à des environnements naturels. Ce sont ces conséquences négatives que les psychiatres ont pu observer et qu'ils observent encore, leur effet ayant été d'augmenter les demandes de consultations. Cependant, les répercussions de cette crise nous ont aussi permis de comprendre – ce qui est très positif – quels sont nos besoins fondamentaux et à quels moyens nous pouvons recourir pour surmonter l'adversité.

Nous souhaitons que ce livre vous incite à votre tour, vous lecteurs, à réfléchir à vos relations avec votre environnement et plus largement avec les espaces naturels qu'offre notre planète ; qu'il vous incite à considérer la manière dont votre mode de vie actuel et l'ambiance dans laquelle vous baignez, caractérisée par l'omniprésence des écrans, conditionnent votre bien-être. Des solutions existent, mais nous devons, pour les trouver, questionner en profondeur notre rapport au monde. Rien n'est joué. L'avenir n'est pas sombre : il est ce que nous en ferons.

PREMIÈRE PARTIE

Ce que la pandémie a changé dans nos vies

CHAPITRE 1

Ce qui nous est arrivé

Bref historique

Remontons un peu le temps, jusqu'à l'origine de la pire catastrophe qui se soit produite depuis des décennies. Causée par un virus, celle-ci était tellement inattendue lorsqu'elle a débuté qu'elle est allée jusqu'à bouleverser l'organisation du monde. Le fait qu'elle ait pris au dépourvu l'ensemble des gouvernements et des systèmes de santé explique l'ampleur de ses conséquences, dont il va être question dans la suite de l'ouvrage. Mal accompagnée, peu voire pas accompagnée du tout, la population s'est retrouvée confrontée à des contraintes parfois insupportables. Certaines personnes ont pu y faire face positivement et surmonter l'épreuve, alors que d'autres totalement désemparées se sont effondrées. Nous allons analyser les déterminants de cette résilience et ceux de cette défaillance.

En 2020, aucun vaccin ni médicament antiviral efficace n'était encore disponible contre le SARS-CoV-2, alors que l'Europe était progressivement devenue durant ses premiers mois l'épicentre d'une épidémie sans précédent. En 2021, la situation s'est améliorée avec l'arrivée de plusieurs vaccins et la mise en place d'un plan progressif de vaccination dès le début de l'année, ce qui a permis à l'automne une couverture vaccinale efficace. L'émergence du variant Omicron a imposé l'association de nouvelles restrictions et d'un renforcement de la stratégie vaccinale s'appuyant sur un nouveau rappel pour tous et l'instauration d'un pass vaccinal à la place du pass sanitaire. Jusque-là ce dernier autorisait le recours à des tests PCR et non à la seule vaccination pour accéder à certains lieux collectifs comme ce fut le cas ensuite.

Le variant Omicron identifié fin 2021 s'est révélé beaucoup plus contagieux mais moins pathogène que les précédents, puisqu'il a été associé à une réduction du risque d'hospitalisation de 29 % par rapport à la souche originelle du virus, selon les premières données en provenance d'Afrique du Sud, et de 70 % par rapport au variant Delta, selon des données britanniques, ainsi qu'à une réduction de moitié du risque de développer une forme sévère. Ces chiffres sont toutefois à interpréter dans le contexte d'une immunité collective acquise entre-temps par infection ou par vaccination.

Durant les premières étapes de l'épidémie, seules les mesures de distanciation et d'isolement se sont montrées efficaces pour la freiner. Les lieux collectifs considérés comme non essentiels ont longtemps été fermés. *Idem* pour les frontières. Plusieurs périodes de couvre-feu ou de confinement généralisé ont été imposées à la population. La perte de la liberté de circuler a fortement réduit la possibilité de se rendre dans n'importe quel lieu éloigné du domicile, elle a entravé les échanges sociaux, l'accès à la culture et à l'activité physique. L'instauration inédite d'un premier confinement au printemps 2020 a brutalement fait perdre ses repères à toute la population. Il a imposé à chacun d'entre nous de se réinventer une vie quotidienne sur la base de nouvelles modalités très contraignantes. L'ensemble de ces bouleversements a été à l'origine d'un stress notable.

Ainsi, dès le début de l'année 2020, la planète entière a progressivement été concernée par la crise du coronavirus et, en particulier, par les mesures de contrainte mises en œuvre pour lutter contre la contagion. Les conséquences sur la santé mentale tiennent aussi bien aux effets directs du virus sur le système nerveux qu'à la confrontation à la mort et à la peur de la contamination, mais également, et cela probablement beaucoup plus largement, à l'isolement et au désœuvrement causés par le confinement. Les marqueurs les plus directs de ces conséquences ont été la dégradation du bien-être mental ainsi que l'augmentation des taux de dépression et d'anxiété. Une altération de ces différents paramètres a été relevée tout au long de la crise.

Comment avons-nous vécu la crise ?

Être confronté à la mort entraîne inévitablement un stress aigu et parfois des conséquences tardives et durables – qu'on désigne par l'expression *stress post-traumatique* – consistant en la répétition involontaire du vécu lié à l'expérience traumatique, de jour (reviviscences) comme de nuit (cauchemars). L'élévation du taux de décès due à la pandémie de coronavirus et le contact avec la mort qui en a résulté ont précipité de nombreuses personnes dans ce trouble. Il s'est agi aussi bien de personnes ayant assisté directement aux derniers instants de l'un de leurs proches que de professionnels de santé qui exerçaient dans des structures où le virus a fait des ravages, en particulier les services de réanimation et les établissements d'hébergement pour personnes âgées dépendantes (EHPAD).

La peur d'être contaminé a également eu un impact négatif. Au début de l'année 2020, elle a été aggravée par la crainte que le matériel médical nécessaire à la lutte contre les formes graves de la maladie (respirateurs artificiels), les tests diagnostiques et le matériel de protection individuelle (masques de protection et gel hydroalcoolique) ne soient pas suffisamment disponibles. Elle a également été amplifiée par la connaissance du public de l'impossibilité de laisser accéder à des soins de réanimation certaines personnes en détresse respiratoire, faute de place. Un critère d'âge ou la présence d'une pathologie sévère et invalidante avaient alors pu être invoqués en tant que motifs de refus dans un service de réanimation.

Par ailleurs, les contraintes liées au confinement ont généré un stress aigu qui a dégradé le bien-être mental des personnes dans des proportions variables selon leur capacité à appréhender la nouvelle configuration du contexte de vie. Les principales manifestations observées ont été de l'ordre de la contrariété, de l'ennui, de l'irritabilité, de l'insomnie, de la colère, de la frustration, voire de la confusion. Dans la durée, les conséquences pour une partie importante de la population ont été des manifestations anxieuses ou dépressives. Elles ont été d'autant plus sévères que les mesures de restriction étaient longues et strictes et que le sentiment de contrainte était important. Ce dernier a été conditionné par des paramètres non modifiables tels que la taille du logement, l'accès éventuel à un espace extérieur, l'accès à la culture et la durée du confinement, mais aussi par des paramètres modifiables tels que les interactions sociales, l'activité physique et l'organisation du quotidien.

Le sentiment d'inutilité provoqué par le désœuvrement et la perte de contrôle, due à l'absence de perspective de sortie de crise, ont augmenté le stress. La réduction du périmètre de déplacement a contraint les habitants de notre pays, comme ceux des principaux pays européens et de bien d'autres dans le monde, à se limiter à vivre dans un espace réduit, avec des conséquences variables en fonction du lieu d'habitation et des personnes occupant le logement. Les personnes vivant dans des petits logements en milieu urbain, sans espace extérieur, sans contact avec la nature ou ayant un accès aux activités pouvant s'y dérouler très restreint, voire parfois inexistant, ont été particulièrement impactées. Les personnes les plus fragiles ont été les plus affectées.

À l'instar du confinement, mais généralement dans une moindre mesure, les restrictions telles que le couvre-feu et la fermeture prolongée des activités et des commerces dits « non essentiels » ont été difficiles à supporter. Certains ont vécu plus douloureusement le couvre-feu que le confinement parce qu'il ne leur laissait pas la possibilité de récupérer. Pour d'autres, c'est le confinement qui a entraîné un surmenage du fait du recours aux écrans comme seul mode de communication, entraînant une confusion entre les moments consacrés au télétravail et les temps de loisir.

Enfin près d'une personne sur cinq ayant été atteinte par le coronavirus a présenté des troubles psychiatriques dans les trois mois qui ont suivi l'infection. Parmi elles, celles qui se sont trouvées en détresse respiratoire ont fréquemment présenté par la suite des manifestations post-traumatiques. Le coronavirus a aussi pu avoir un effet direct ou indirect sur leur cerveau : direct parce qu'il est susceptible de l'infecter, indirect *via* la forte réduction de son alimentation en oxygène causée par une insuffisance respiratoire.

Chez les personnes qui ont été elles-mêmes touchées par le Covid-19 ou dont un proche en a été atteint, la peur des effets du virus a généralement occupé le premier plan. Les personnes en détresse respiratoire, qui ont couru un risque élevé de mourir, et les professionnels de santé qui les ont soignées ou ont accompagné des malades qui ont perdu la vie ont été exposés à un stress aigu marqué par le risque de développer ultérieurement des manifestations post-traumatiques. Enfin, la maladie et la crainte de ses conséquences, mais aussi de ses effets directs sur le corps, ont dégradé la santé mentale de ceux qui ont été victimes du coronavirus.

Au total, cette catastrophe sanitaire a eu des effets très larges sur la santé mentale, pas seulement de ceux qui ont été contaminés mais de tout le monde. Nous avons au minimum tous été affectés par les mesures de restrictions, et cela parfois sévèrement.

Conséquences de l'infection par le coronavirus

De nombreuses personnes infectées par le coronavirus ont présenté des manifestations anxieuses ou des troubles du sommeil dans les mois qui ont suivi leur guérison. D'autres ont souffert de dépression, ont consommé des substances toxiques ou ont été victimes d'accidents vasculaires cérébraux (AVC). Ces AVC, qui peuvent être hémorragiques ou ischémiques, sont souvent associés aux formes les plus sévères d'infections.

Entre un quart et un tiers de ceux qui ont été atteints par le coronavirus ont présenté des complications psychiatriques ou neurologiques. Une partie de ces complications est due à une atteinte du cerveau au cours de l'infection. Les manifestations observées peuvent être aussi bien des vertiges que des céphalées, une fatigue sévère ou des perturbations cognitives (troubles de l'attention ou de la mémoire) pouvant aller jusqu'à la confusion. Elles sont la conséquence d'une réaction inflammatoire de l'organisme avec des altérations vasculaires. Elles disparaissent en général après la guérison. Le risque de persistance de séquelles n'est toutefois pas négligeable et le risque augmente avec le nombre de réinfections.

Conséquence des contraintes qui nous ont été imposées

À l'origine d'un stress marqué en raison de leurs conséquences majeures sur l'organisation sociale et sur le quotidien des personnes, les confinements ont accru les taux de dépression et d'anxiété. Le stress causé par l'isolement, le désœuvrement et la désocialisation a été aggravé par les craintes des complications de l'infection virale.

Au-delà des personnes qui sont entrées dans un trouble dépressif ou une anxiété caractérisée, tous les individus qui ont fait face à la pandémie ont vu leur bien-être se dégrader dès le début de la crise et s'aggraver progressivement. Les résultats de l'enquête dont une partie a été présentée dans *Covid-19 et détresse psychologique*[1] ont non seulement mis en

1. Pr Nicolas Franck, *Covid-19 et détresse psychologique*, *op. cit.*

exergue ce résultat global, mais ils ont aussi permis de préciser quels ont été les facteurs de fragilité. Plus les personnes étaient jeunes, plus leur bien-être a été altéré. Les jeunes et les femmes ont été plus touchés que les autres. Les premiers probablement parce que ni leurs assises psychologiques, ni leur réseau relationnel, ni leur situation financière ne sont suffisamment assurés. Les secondes parce qu'elles assument concomitamment plus de rôles sociaux que les hommes.

Les conséquences observées sur la santé mentale ont été marquées et précoces. Elles ont été mises en évidence dès la deuxième semaine du confinement du printemps 2020 et n'ont pas cessé de s'aggraver au fil des 8 semaines de ce confinement. Ces effets délétères ont certes été la conséquence de la longue durée des mesures prises, mais aussi de l'imprévisibilité de leur prolongation itérative. L'espoir que la crise prenne fin a été déçu de manière répétée. Or une crise sans issue est une crise sur laquelle on n'a pas de maîtrise, donc beaucoup plus difficile à affronter. Ce confinement prolongé à deux reprises a ainsi causé non seulement une réduction drastique du périmètre de déplacement, voire un enfermement, une désocialisation, un désœuvrement, mais aussi une perte de contrôle due à l'absence complète d'échéance concernant une hypothétique sortie de crise.

Nous pouvons avancer que l'altération du bien-être n'a pas été liée à l'intensité des restrictions, mais à la durée de la crise et à la succession de séquences contraignantes, puisqu'elle a été plus marquée lors du confinement de l'automne 2020 que lors de celui du printemps de cette même année, alors que les contraintes ont été beaucoup plus strictes lors du premier confinement que lors du deuxième. Les chiffres en témoignent (voir figure 1).

Figure 1. Bien-être mental pendant le premier et le deuxième confinement de 2020[1]

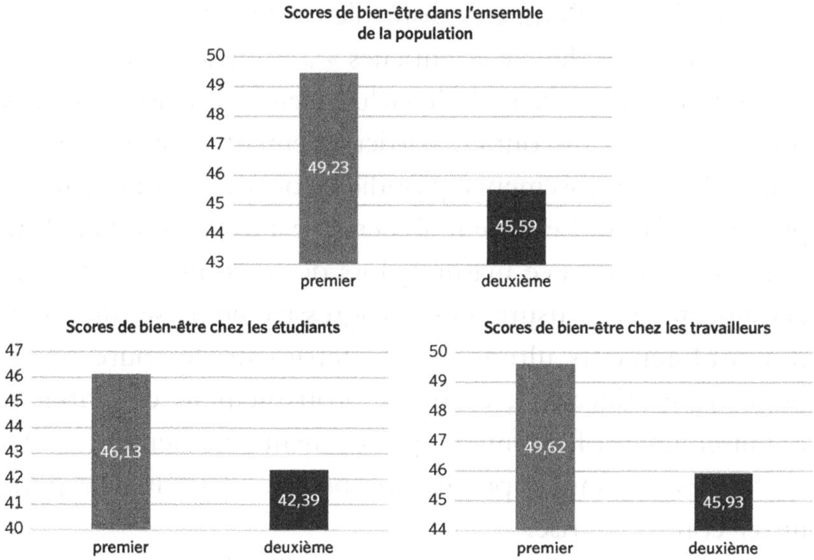

Les personnes en invalidité et celles qui étaient au chômage ont été plus touchées que les autres. Parmi celles qui travaillaient, les employés ont été plus affectés que les indépendants, eux-mêmes l'ayant été plus que les professionnels de santé. L'instauration d'une activité partielle en entreprise a eu des conséquences sur le bien-être des salariés qui se sont vu imposer une réduction de leur temps de travail. Ceux-ci ont été mis au chômage partiel sans concertation, afin que l'entreprise puisse toucher les aides de l'État (le fameux « quoi qu'il en coûte »). Cela a parfaitement convenu à certains d'entre eux, en particulier parce que cela leur a permis de se consacrer à leur famille, alors que ceux qui

1. Le bien-être mental mesuré avec la l'échelle WEMWBS (score moyen de la population française en dehors d'une période de crise : 53).

étaient plus isolés et dépendaient de ce fait de leur travail ont été très affectés.

Le sentiment d'utilité personnelle conféré par la reconnaissance d'activités dites « essentielles » a valorisé certaines professions et a permis le maintien d'un bien-être satisfaisant. Les professions de santé ont été particulièrement valorisées, bénéficiant d'applaudissements quotidiens lors du confinement du printemps 2020. Le secteur alimentaire a également bénéficié d'une reconnaissance marquée lors de ce confinement. Une certaine forme d'usure s'est progressivement installée lors des confinements ultérieurs, au détriment de toute possibilité de gratification, ce qui a probablement contribué à fragiliser les professionnels qui s'étaient initialement sentis galvanisés et avaient pu investir beaucoup d'énergie pour lutter contre la crise.

Au moment des confinements, la taille du logement et la possibilité d'accéder à un balcon ou à un jardin ont eu un effet protecteur indéniable. À noter que la possibilité a été donnée de se confiner dans le lieu de son choix, révélant de fortes inégalités, certains pouvant télétravailler depuis une maison de campagne et profiter de l'accès à un jardin ou à la nature et d'un milieu calme et spacieux, d'autres étant contraints de rester dans des logements petits et potentiellement dans des situations de cohabitation difficile. Travailler a généralement été positif. Au contraire, le fait d'être confiné seul a généralement été beaucoup plus difficile que de l'être à plusieurs, que ce soit en couple, en famille ou dans toute autre situation évitant l'isolement. Toutefois la situation s'est avérée très délicate pour les familles nombreuses confinées dans un tout petit espace. Le simple fait de se promener dans la rue durant cette période et de croiser les familles en question a pu conduire à assister à l'expression des tensions dont elles étaient victimes. De même, il suffisait de regarder à travers certaines fenêtres pour voir des personnes entassées qui paraissaient alors au bord du gouffre, en particulier les plus jeunes. À côté de cela, les personnes ayant été confinées seules l'ont très bien ou très mal vécu, en fonction de leur personnalité.

Globalement, avoir des échanges sociaux fréquents, que ce soit avec les personnes qui partageaient le même toit ou avec d'autres personnes contactées par téléphone ou par SMS a joué un rôle protecteur. En pratique, ceux qui ont réussi à maintenir leur bien-être se sont appuyés sur les autres et sur un bon aménagement de leur quotidien. En gardant la maîtrise de leur organisation, ils ont maintenu leur confiance en eux et leur estime d'eux-mêmes, plutôt que de laisser la place au vide et aux aléas aux effets destructeurs.

Le désœuvrement a favorisé l'utilisation des écrans, ainsi que la consommation de différentes substances procurant des sensations plaisantes, la plupart des autres activités impliquant un déplacement étant devenues impossibles à réaliser. Au premier rang des consommations ont figuré les aliments gras ou sucrés, suivis par l'alcool et par différentes drogues. Ces consommations ont notamment augmenté chez les personnes dont le bien-être était altéré.

Le recours aux écrans a explosé durant ces périodes. Cela n'est nullement surprenant puisqu'il était alors impossible d'accéder à l'information, d'échanger avec d'autres, voire de se distraire, sans regarder un écran. Le risque a rapidement été de ne plus pouvoir s'en détacher. Notre enquête du printemps 2020 avait d'ailleurs montré qu'une personne sur six avait alors du mal à s'abstenir d'y avoir recours (voir figure 2). Cette difficulté était plus marquée chez les jeunes et chez ceux qui étaient confinés en ville sans accès à un espace vert. Une équipe italienne a montré que le bien-être s'est dégradé de manière plus importante pendant la période de confinement chez les personnes qui passaient beaucoup de temps sur les réseaux sociaux. Avant la pandémie il avait déjà été mis en évidence que le désœuvrement, l'isolement et le stress augmentent le recours à Internet. Ce phénomène est particulièrement marqué chez les jeunes.

Les périodes de confinement ont été propices à la consommation d'aliments caloriques, qu'ils soient sucrés ou salés. Faute de repères sociaux, certains ont laissé leur alimentation se désorganiser en renonçant à faire de vrais repas pour seulement grignoter des biscuits apéritifs ou sucrés. Ce phénomène a touché plus particulièrement les femmes seules faisant face à des conditions de logement difficiles. Il s'est combiné à la réduction d'activité physique aggravant très probablement les conséquences sur la santé (voir figure 2).

Figure 2. Évolution des consommations pendant la deuxième semaine du confinement du printemps 2020

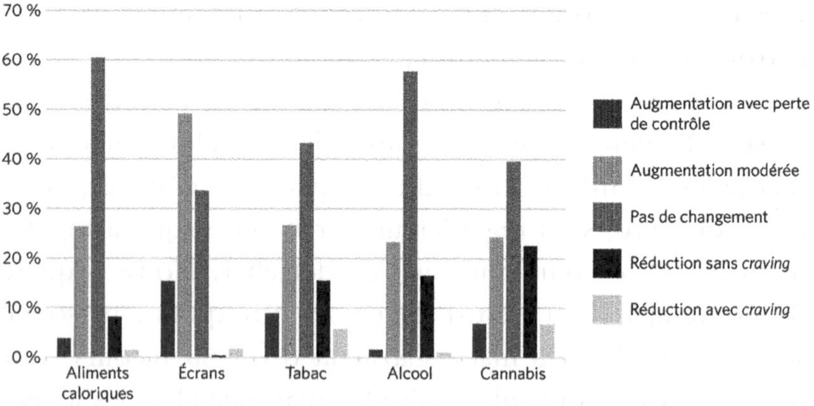

La consommation de tabac, de cannabis et d'alcool a également progressé (voir figure 2). L'augmentation du tabagisme a plutôt frappé les jeunes femmes célibataires, alors que la consommation d'alcool a plutôt augmenté chez les personnes mûres et celle du cannabis chez les jeunes, sans distinction de sexe pour ces deux dernières substances. Chaque tranche de population s'est retrouvée un peu plus enchaînée au produit auquel elle recourait déjà préférentiellement auparavant.

Les parents ayant de jeunes enfants ont dû leur faire classe à la maison lors du confinement du printemps 2020, durant lequel les écoles avaient fermé. Certains ont été mis en difficulté ou se sont épuisés face au cumul des fonctions d'enseignants improvisés, de parents et, éventuellement, de télétravailleurs. Dans d'autres familles, les liens se sont resserrés et leurs membres se sont laissé gagner par une sérénité nouvelle après avoir pris conscience de s'être jusque-là laissés submerger par le travail. Le fait que leurs enfants puissent être accueillis à l'école lors des confinements de l'automne 2020 et du printemps 2021 a prévenu le surcroît de stress que cette tâche supplémentaire à laquelle ils n'étaient pas préparés aurait de nouveau induit. Le souhait qui a rapidement dominé du côté des enfants, et qui a obtenu satisfaction, a été celui d'un retour à l'école et d'une restauration des contacts sociaux. Ce dernier constat positif doit toutefois être nuancé puisque de nombreuses classes ont continué à être fermées tout au long de l'épidémie, lorsque des enfants y avaient un diagnostic de Covid. La désorganisation scolaire a atteint des records lorsque le variant Omicron, très contagieux, a pris les devants début 2022 et qu'une succession éprouvante – pour les enfants comme pour leurs parents – de tests de dépistage a été imposée en masse avec des modifications itératives des règles les concernant aussi bien que de celles qui étaient relatives aux absences.

Au total, les contraintes successives qui ont émergé à la suite de cette crise sanitaire sévère et durable ont très lourdement pesé sur les dynamiques familiales. Dans les familles où ces difficultés ont connu leur paroxysme, cela a abouti à des situations de maltraitance avec violences physiques, dont la prévalence a augmenté durant ces périodes. La remise en cause des habitudes et des acquis qui contribuaient à la sérénité a contribué à réveiller des peurs, à faire souffrir les plus vulnérables et à mettre en cause les équilibres familiaux.

CHAPITRE 2

Peurs nouvelles et peurs réactivées par la pandémie

Les peurs banales

Plusieurs sujets d'inquiétude se sont installés de manière plus ou moins stable dans de nombreux esprits et sont restés omniprésents durant toute la crise. Ils ont parfois persisté dans la durée.

La peur de tomber malade est la plus universelle. Au premier plan au début de la crise, alors que rien n'était efficace pour se protéger, hormis le fait de rester à distance d'autrui, elle s'est maintenue par la suite, même lorsque la vaccination a commencé à bénéficier à presque tout le monde. Certains ont alors commencé à craindre qu'un relâchement des comportements de distanciation avec perte de toute prudence n'entraîne une résurgence de la maladie. D'autres s'en sont servis comme prétexte pour justifier un repli sur eux-mêmes ayant en réalité une autre cause. Chez d'autres, ce retrait a été la conséquence d'une dépression, d'une problématique en lien avec le vieillissement ou de difficultés à rétablir des liens avec les autres.

La crainte de ne pas parvenir à se réhabituer aux autres a fait partie des préoccupations les plus communes. Les personnes qui, au plus fort de la crise, ont eu peu de contacts extérieurs en dehors des autres personnes vivant dans le même foyer, voire presque aucun pour celles qui vivaient seules, ont parfois rencontré des difficultés à se réacclimater à la vie sociale. Retrouver ses amis ou collègues de travail, aussi bien qu'aborder des connaissances ou des inconnus requiert des compétences spécifiques qui nécessitent d'être entretenues. On désigne celles-ci par l'expression *cognition sociale*, qui recouvre la capacité à percevoir les émotions, intentions et desseins d'autrui. En présence d'un défaut, temporaire ou *a fortiori* durable, de cognition sociale, même une activité aussi banale qu'aller au travail, prendre un rendez-vous et se rendre à un dîner auquel on a été invité(e) ou à n'importe quel autre événement collectif peut entraîner une anxiété.

Ces difficultés se sont accentuées lorsque l'obligation de porter des masques a été introduite durant l'été 2020. Le fait que ceux-ci cachent l'expression du visage a entraîné des conséquences négatives sur la cognition sociale. Les masques ont accentué le fossé entre les personnes quel que soit leur âge. Chez les jeunes enfants, accueillis en crèche ou scolarisés en maternelle, ils ont eu des effets dommageables sur le développement cognitif. Ceux-ci se sont en effet retrouvés privés des échanges sociaux qui leur auraient permis d'acquérir une compréhension appropriée du vécu émotionnel d'autrui.

D'autres ont vécu positivement les confinements et certaines transformations de leur quotidien. Toutefois, à l'issue de cette période, la perte des acquis a inquiété ceux qui avaient pu reconstruire un quotidien plaisant. Or cette perte n'a pas porté que sur des motifs concrets. Certains l'ont vécue surtout dans le domaine purement psychologique. Ainsi ceux qui ont eu le sentiment d'avoir mûri en découvrant une partie d'eux-mêmes qui leur était inconnue jusque-là ont également craint le retour à leur existence antérieure.

Écoanxiété, collapsologie et solastalgie

La crise en lien avec le SARS-CoV-2 a révélé la fragilité de notre système et de notre monde moderne de façon plus globale : fragilité de nos organisations sociétales qui pouvaient sembler stables, notamment le système sanitaire qui s'est à certains moments trouvé totalement débordé par l'afflux de malades ; fragilité de nos circuits d'approvisionnements, dépendants de systèmes de transports et de circulation alors bloqués (nous exposant alors à la pénurie de certaines denrées alimentaires ou de produits ménagers essentiels) ; fragilité de l'ensemble des flux commerciaux, avec des ruptures de chaînes d'échanges, certains produits réputés accessibles devenant alors bien plus difficiles à obtenir (matériaux nécessaires à l'industrie automobile et aux vélos, matériaux de construction, etc.). La crise a révélé également la fragilité de notre climat et de nos écosystèmes, certains ayant pu associer la déforestation (ou la raréfaction de certains espaces naturels) et le rapprochement de certaines espèces zoologiques (potentiels réservoirs de virus) de l'homme, à l'émergence de la pandémie de SARS-CoV-2 et à un risque de pandémies futures.

La crise et les confinements successifs ont ainsi fait émerger des angoisses de type collapsologique. Celles-ci portent aussi bien sur notre système que sur le climat, voire sur le devenir de notre espèce. On a ainsi vu se répandre largement le terme d'écoanxiété. Ce mot, qui désigne l'anxiété liée au changement climatique, inclut des ressentis de peur, de colère, d'épuisement, un sentiment de perte ou d'impuissance et même du désespoir.

La solastalgie est un concept apparenté. Elle correspond à une forme de deuil d'un monde d'« avant ». Le terme a été particulièrement utilisé pour évoquer le vécu de peuples autochtones vivant la nostalgie du monde qui a précédé la colonisation, avec des écosystèmes riches en ressources et adaptés aux modes de vie des habitants. Actuellement, l'usage de ce concept s'étend aux sociétés occidentales qui voient leur environnement évoluer sous les effets du réchauffement climatique. Ces sentiments tendent à envahir le quotidien de la population en général, mais surtout des jeunes adultes.

En 2021, une grande enquête réalisée chez dix mille adolescents et jeunes adultes âgés de 16 à 25 ans dans dix pays du monde sur les cinq continents a montré qu'un jeune sur deux ressentait un sentiment tel que la tristesse, l'anxiété, la colère, l'impuissance, la culpabilité ou le désarroi face aux changements climatiques. Un impact émotionnel négatif sur la vie quotidienne était rapporté par 45 % des participants de cette étude. Un point intéressant est que les sentiments négatifs étaient associés à une insatisfaction par rapport aux mesures gouvernementales, ce qui ouvre la perspective d'une amélioration possible si des mesures plus adéquates sont adoptées. L'accès instantané à une large information de nature inquiétante, dû à l'hyperconnexion dont il va être question dans la prochaine partie de ce livre, contribue à alimenter cet impact négatif.

Les liens entre écoanxiété et réchauffement climatique sont complexes. Le réchauffement climatique est associé à une augmentation de la plupart des troubles mentaux, dont la dépression et les troubles anxieux, ainsi que des conduites suicidaires. On peut aisément émettre l'hypothèse que la perspective du réchauffement génère une forte inquiétude face à la perspective d'une dégradation de notre mode de vie futur et de notre santé mentale. Se mêlent donc des sentiments d'anticipation négative et les effets directs du réchauffement déjà à l'œuvre sur notre planète. Les crises récentes sont venues en exacerber la prise de conscience. Elles appellent à une réflexion profonde sur notre situation, ainsi qu'à des actions politiques concrètes.

DEUXIÈME PARTIE

Les écrans et nous

CHAPITRE 3

État des lieux

Les écrans dans notre quotidien

Chaque fois que nous portons notre regard dans une nouvelle direction, nous avons l'occasion de vérifier un lieu commun des plus triviaux qui affirme que les écrans sont omniprésents dans notre société. Examinons quelques chiffres illustrant cette assertion.

En France, le temps moyen passé sur un écran, quel qu'il soit, s'est élevé à 56 heures par semaine en 2021, dont 20 heures pour l'activité professionnelle, et 36 heures pour les loisirs, selon une enquête menée par NordVPN en juin 2021. Durant le temps libre, les écrans ont été utilisés pour regarder des films, des séries ou divers programmes télévisés et pour circuler sur les réseaux sociaux. Le temps consacré à ces derniers a atteint 6 heures 39 par semaine. Ils étaient suivis par les sites de streaming tels que Netflix ou Amazon Prime, auxquels les Français ont consacré 6 heures 18 par jour (soit plus de 44 heures par semaine), puis par YouTube et les autres sites diffusant des vidéos qu'ils ont regardées 4 heures 40 par jour (soit un peu moins de 33 heures par semaine), par les plateformes d'écoute musicale comme Spotify ou Deezer qu'ils ont utilisées 3 heures 30 par jour, par les moteurs de recherche en ligne auxquels ils ont consacré 2 heures 48 par jour, par les sites de jeux en ligne qui les ont occupés 2 heures 36 par jour et enfin par les sites administratifs et bancaires qui ont requis 2 heures 36 de leur temps de connexion quotidien.

Le temps passé devant la télévision est resté à peu près stable en France. En 2021, les Français de plus de 4 ans ont passé en moyenne 3 heures 41 par jour devant la télévision contre 3 heures 40 deux ans plus tôt. Alors que la télévision se maintient en France, y compris chez les enfants, les smartphones et les consoles de jeux, eux, voient leur utilisation fortement augmenter chez les plus jeunes. Selon le baromètre de Krys Group, les enfants de 3 à 10 ans ont passé 2 heures 14 chaque jour devant un écran. Ils leur ont consacré 20 minutes de plus qu'en 2019. La télévision occupait la première place avec 1 heure 24, suivie par les smartphones et consoles de jeux qui, dans l'ensemble, les avaient occupés 25 minutes de plus qu'en 2019. En 2022, les comportements qui sont apparus pendant la pandémie s'étaient installés de manière durable selon le *Baromètre du numérique* : 87 % de la population étaient désormais équipées d'un smartphone et les Français avaient passé en moyenne 32 heures par semaine sur un écran cette année-là, soit près d'un tiers de leur temps d'éveil.

Alors que le temps d'écran avait baissé entre 2018 et 2019, à la suite de campagnes d'information, il a repris la place qu'il occupait antérieurement à la faveur de la crise sanitaire. Ainsi les écrans occupent aujourd'hui une place prépondérante dans le quotidien des enfants, au détriment des jeux, des activités extérieures, voire de toute exposition aux milieux naturels dont nous verrons l'importance aux chapitres 8 et 9.

Aux États-Unis, le temps consacré aux écrans est considérable, avec des habitudes qui ne sont pas les mêmes qu'en France. La télévision y a en effet perdu plus de terrain que dans notre pays. Les Américains ont consacré plus de temps à leur smartphone qu'à leur télévision en 2021, respectivement 4,1 heures et 3,1 heures par jour. À ces durées il faut ajouter le temps passé sur un écran d'ordinateur. Ainsi, en 2019, selon la société d'études de marché Nielsen, chaque Américain passait en moyenne au total près de 12 heures par jour devant un smartphone, un écran de télévision ou un écran d'ordinateur. Cette durée n'a fait que croître en 2020 et 2021 en raison du recours massif au télétravail, de la dépendance accrue aux réunions virtuelles et de la consultation incessante des nouvelles concernant la pandémie. En moyenne, dans le monde le temps consacré à Internet a dépassé en 2019 le temps passé devant la télévision (voir figure 3). La télévision, les écrans d'ordinateurs, les tablettes et les smartphones n'ont pas nécessairement le même impact sur la santé. Leurs effets oculaires et posturaux sont en effet différents. Alors que les écrans de télévision sont placés à distance des yeux, les smartphones, tablettes et écrans d'ordinateurs sont au contraire très près d'eux. Or chacun ne prend pas la peine de diminuer leur luminosité…

La pandémie de Covid-19 a entraîné la plupart d'entre nous à passer nettement plus de temps qu'avant sur son smartphone. Selon le rapport *State of Mobile* publié par App Annie, ce temps s'est élevé à 3 heures 30 en France en 2021,

Figure 3. Temps quotidien moyen passé devant Internet et la télévision dans le monde (minutes)

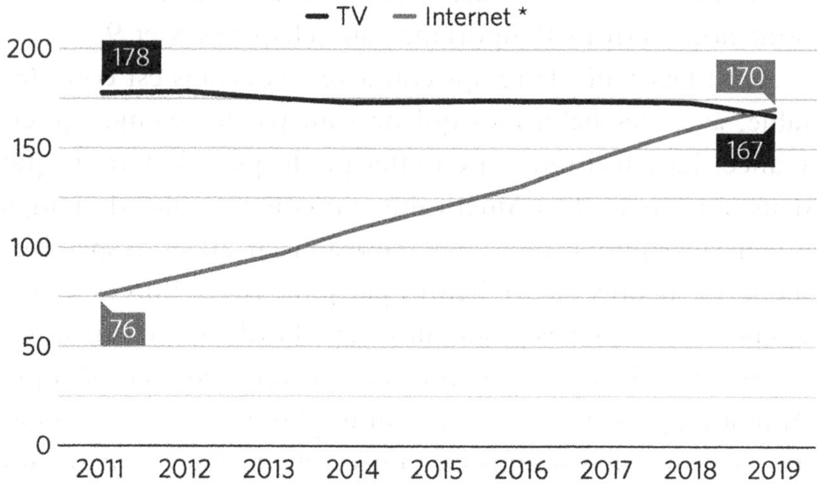

* *Incluant de l'Internet mobile.*
(D'après Zenith.)

bien au-dessus des 2 heures 45 quotidiennes de 2019 (année servant de repère dans la mesure où elle n'a pas été concernée par le confinement, ni par d'autres mesures d'enfermement prises pour lutter contre la pandémie de Covid-19). Au sein des dix principaux marchés mobiles, cette durée atteignait 4 heures 48 par jour, avec une augmentation de 30 % par rapport à 2019. Les Brésiliens sont ceux qui ont passé le plus de temps sur leur écran, suivis par les Indonésiens puis par les Sud-Coréens. La France occupait la quinzième position, derrière l'Argentine et devant l'Allemagne. Selon App Annie 70 % du temps passé sur un smartphone est consacré aux réseaux sociaux ; 230 milliards d'applications ont été téléchargées en 2021 dans le monde. Dans certains pays, le temps passé sur les réseaux sociaux est très important (voir figure 4).

Figure 4. Temps quotidien moyen consacré aux réseaux sociaux selon les pays

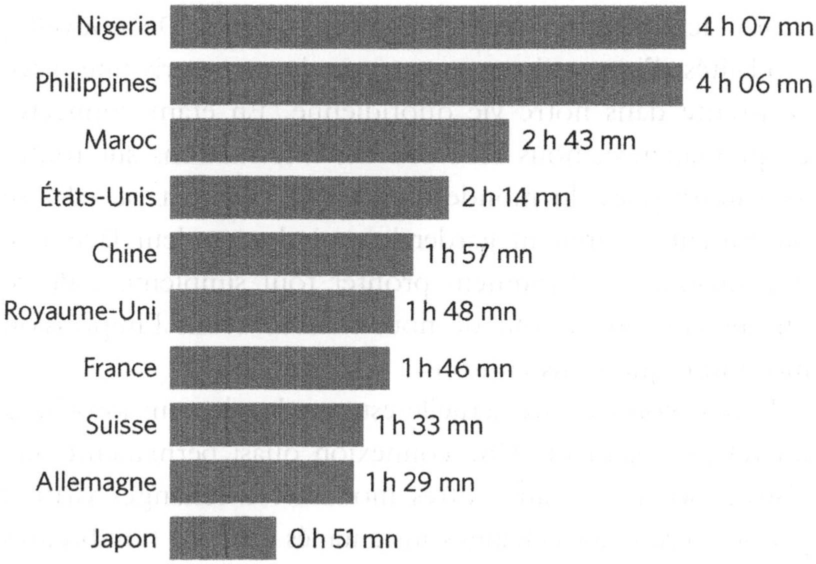

Étude auprès de plus de 900 000 internautes âgés de 16 à 64 ans dans quarante-sept pays.
(D'après Global Web Index via Data Reportal.)

Le règne de l'image

La question de nos liens avec les écrans revêt de multiples aspects. Au-delà de leur utilité en tant que moyens de communication et d'information, non seulement ils offrent de multiples opportunités informationnelles, ludiques, mais ils permettent aussi de se faire valoir. Ils ont permis à l'image d'accéder à la place prépondérante qu'elle occupe dans notre société. Une communication fondée sur l'image nous a conduits à accorder plus d'importance à la première impression qu'à l'analyse. Le succès des chaînes d'information en continu est un reflet de cette évolution.

La prolifération des écrans a entraîné une modification profonde des temps et des espaces sociaux. De nouvelles modalités d'interactions ont progressivement pris une place croissante dans notre vie quotidienne. En étant connectés en permanence, nous recevons des informations sur toutes les catastrophes du monde presque au moment où elles se produisent. Comment garder la moindre candeur face à ce flot anxiogène ? Comment profiter tout simplement de ce que nous avons autour de nous si nous avons l'impression incessante que nous courons à la catastrophe ?

L'hyperconnectivité actuelle est paradoxalement associée à un relatif isolement. Une connexion quasi permanente aux réseaux sociaux et aux autres modalités d'échanges virtuels permet certes des échanges instantanés avec de nombreuses personnes plus ou moins connues, mais ceux-ci ont la particularité de rester superficiels. Recourant le plus souvent à l'écrit, ils sont toutefois en général succincts. Dans les pires cas, l'identité de l'interlocuteur est incertaine. Plus fréquemment, deux amis ou deux membres d'une même famille s'interpellent et se répondent de manière laconique autour d'un sujet censé les lier. La dimension émotionnelle et, plus largement, non verbale n'occupe que peu de place dans ces échanges. De plus, la personne qui communique de cette manière doit s'isoler pour se connecter et échanger. Elle le fait par le biais d'outils technologiques qui la contraignent à se couper de ceux qui sont auprès d'elle et avec lesquels elle pourrait s'engager dans une interaction approfondie, au profit d'un échange uni- ou bimodal *via* l'échange de texte ou de son, ou encore du couple son-image, qui lui permet d'atteindre de manière bien plus superficielle d'autres personnes situées à distance. De plus, ces échanges se font le plus souvent de façon déconnectée du milieu extérieur et de l'opportunité de partage d'une expérience commune, que ce soit dans un espace convivial privé ou public, voire au cours d'une activité commune en extérieur (activité culturelle, balade, etc.).

Une nouvelle configuration des espaces découle de ces évolutions. L'utilisation d'un smartphone dans un lieu public met en concurrence l'espace public et l'espace privé. Certains ont qualifié cette situation d'isolement connecté. Elle interroge la problématique plus large du recours aux technologies de la communication et la capacité à appartenir à un groupe social. Cet isolement connecté implique un retrait social et une bien moindre attention à l'environnement, conjugués à un flux incessant d'informations traitées au fil de l'eau.

Nous sommes assaillis par une pléthore d'images qui déferlent sur nous en flux continu dès que nous avons activé certaines interfaces de notre ordinateur, notre tablette ou notre smartphone. Ces interfaces conditionnent l'apparence et la durée de ces images, qu'elles configurent en termes de taille, de qualité et de résolution. De spectateurs, nous sommes devenus des utilisateurs. En touchant l'écran ou en ayant recours au clavier, nous activons des menus, nous choisissons la taille des fenêtres que nous ouvrons et nous pouvons superposer celles-ci à notre convenance ; nous pouvons aussi contrôler le défilement des vidéos et les arrêter quand nous le décidons. L'implication de nos mains transforme l'interface en l'équivalent d'un outil, c'est-à-dire en un prolongement du corps. Toutefois, contrairement à de simples outils, l'écran tactile ou le clavier entraînent la mise en œuvre d'algorithmes informatiques : le contrôle que nous avons sur eux se limite au simple choix de lancer la diffusion et de choisir les caractéristiques de cette dernière.

Non contents de s'isoler, les utilisateurs assidus de ces moyens de communication et de distraction s'y enferment. Ces modalités sont propices aux addictions, dans la mesure où chacune des actions y est récompensée par des messages positifs, des smileys ou des GIF censés susciter la satisfaction et le plaisir. Ce phénomène implique au niveau cérébral l'activation du circuit de la récompense avec sécrétion du neuromodulateur associé aux perceptions plaisantes, la dopamine. Ainsi l'utilisateur aura envie de renouveler les actions qui ont abouti à une telle sensation, puisque chaque interaction avec l'écran lui procure de la dopamine, donc une sensation de plaisir.

Dopamine et système de récompense

Se plonger dans des images affichées sur un écran est une activité généralement plaisante en particulier lorsqu'une interaction est possible avec leur contenu. Bien entendu, cela n'est possible que si le contenu des images et des échanges est positif et gratifiant pour l'utilisateur. Les contenus interactifs peuvent recourir à des quiz. Certains films ont été conçus pour que leur issue dépende de ses spectateurs. Tous ces contenus interactifs ont pour objectif de fidéliser ceux qui y ont recours en stimulant les circuits cérébraux de la récompense.

En effet, comme n'importe quel comportement qui entraîne du plaisir, une telle activité est à l'origine d'une activation du système de récompense avec sécrétion du neuromodulateur de ce circuit, la dopamine. Cette substance chimique est sécrétée par certains neurones spécifiques du tronc cérébral dans le but de transmettre l'information à d'autres neurones que les besoins de l'organisme ont été satisfaits.

Le fonctionnement de notre cerveau est ainsi conçu qu'une récompense est délivrée chaque fois que notre corps ou notre esprit ont reçu ce dont ils avaient envie. La recherche immodérée de cette récompense conduit à s'emprisonner soi-même dans le comportement qui la favorise. Le recours à Internet peut ainsi conduire à cette perte de liberté, au détriment d'autres activités.

Conséquences sur la santé

S'immerger de manière soutenue dans tout ce qu'offre Internet, en particulier depuis un smartphone, peut entraîner d'autres inconvénients que l'emprisonnement dont il vient d'être question. Ce dernier sera largement explicité plus loin. Tout d'abord, se confronter à un contenu anxiogène est bien sûr contraire au bien-être.

Chercher dès le lever à prendre connaissance des nouvelles ayant émergé pendant la nuit (ce que l'on appelle le *doomscrolling*) augmente le niveau de stress. Ce type de comportement s'est répandu avec la pandémie, puis avec la guerre en Ukraine. Il conduit à plonger, dans le moment d'intimité et de confort que devrait représenter le réveil, au milieu d'informations négatives dans le but d'en prendre le contrôle et de se rassurer. Or cet objectif n'est pas atteint, au contraire, on observe une augmentation de l'anxiété.

Dans un autre registre, la capacité à focaliser son attention sur une seule chose à la fois peut diminuer du fait d'un recours intensif à Internet. Il en va de même de la capacité à ne pas répondre immédiatement aux sollicitations qui déferlent en continu ; il devient difficile de différer, ne serait-ce que par crainte d'un oubli ultérieur. Enfin, le risque de conséquences négatives sur la santé physique n'est pas négligeable. Elles tiennent non à l'utilisation du Web mais plus largement à celle des écrans. Il peut s'agir de maux de tête, de sécheresse des yeux et de douleurs lombaires dues à une posture inappropriée. Aussi le recours massif aux écrans peut renforcer la sédentarité et avoir des conséquences de type surpoids, voire obésité dans certains cas.

Quant à la santé psychique, évoquons d'abord la manière dont chacun peut se réfugier sur son smartphone pour fuir les situations embarrassantes. Cette attitude est des plus communes dans une rame de métro bondée, dans une file d'attente ou même au cours d'un repas en famille. Le point commun de toutes ces situations est l'évitement des interactions sociales favorisé par le recours au smartphone. Or cette forme d'évitement peut contribuer à développer une anxiété sociale. L'impact des échanges virtuels sur le comportement peut prendre différentes formes, qui peuvent aller jusqu'à déclencher des phénomènes de foule lorsque la communication sur les réseaux sociaux se propage en tache d'huile. Ce fut le cas lors du Printemps arabe fin 2010, mais aussi lors des émeutes du début de l'été 2023 en France.

Une étude récente portant sur plus d'un million de lycéens américains a montré que ceux qui consacraient plus de temps aux écrans qu'aux activités sociales en face à face, au sport et à leurs devoirs, se portaient moins bien psychologiquement et qu'ils étaient plus anxieux. Ces adolescents ont en particulier rapporté qu'ils étaient moins heureux.

Avant de se généraliser, l'anxiété découle souvent de l'attente déçue de textos ou autres messages venant répondre à ceux qu'on a envoyés, qui suscite un sentiment de détresse ou de rejet. Il peut s'ensuivre une blessure de l'estime de soi. L'intensité de l'attente qui précède cette réponse, ou plus précisément du signal sonore ou des vibrations qui annoncent son arrivée, est telle que l'esprit est parfois amené à le simuler. Tout se passe comme si la déception qui serait causée par l'absence de réponse était impossible à assumer. Ainsi certains ont l'impression de ressentir physiquement des vibrations qui n'existent pas. De telles vibrations fantômes sont parfaitement banales, l'attente d'une perception qui ne vient pouvant favoriser l'impression que cette perception a effectivement lieu.

Quels effets les écrans ont-ils sur la structure du cerveau ? L'étude ABCD (Adolescent Brain and Cognitive Development Study) a permis le suivi de milliers de jeunes Américains au cours de leur adolescence. Elle a montré que plus les jeunes ont été exposés aux écrans, quelle qu'en soit la modalité (télévision, vidéos sur Internet, jeux vidéo et réseaux sociaux), plus leur système visuel s'est modifié. L'épaisseur et le volume de leur cortex occipital, où sont situées les aires visuelles, se sont réduits. En revanche, la profondeur de certains sillons cérébraux a augmenté. Le temps passé face aux écrans a eu des conséquences sur la structure de zones du cerveau qui sont importantes pour le traitement sensoriel, mais aussi pour les fonctions supérieures, comme le cortex préfrontal et le cortex cingulaire postérieur. De plus, l'impact de l'exposition aux écrans n'est pas homogène d'un jeune à l'autre.

L'étude ABCD a confirmé que rester face aux écrans ne favorisait pas la dépression et l'anxiété ni les comportements de retrait. En revanche, elle a montré que les modifications de la structure cérébrale observées chez les jeunes les plus exposés aux écrans pouvaient être associées à des troubles des conduites.

L'étude ABCD s'est aussi intéressée aux liens entre l'exposition aux écrans, la structure du cerveau et les performances cognitives. Elle a mis en évidence une relation entre la pratique des jeux vidéo, l'amincissement du cortex préfrontal (impliqué dans le langage, la mémoire de travail, le raisonnement et, plus généralement, les fonctions exécutives), l'augmentation de volume des zones orbitofrontales (impliquées dans la régulation des émotions) et l'amélioration de certaines performances. Elle a également montré que le temps passé sur les réseaux sociaux était associé à une réduction de l'épaisseur de l'hippocampe (structure du cerveau impliquée dans la mémorisation) et à un volume réduit du cortex temporal inférieur (zone jouant un rôle dans l'audition et le langage). Au total, dans cette étude, les conséquences de l'exposition aux écrans sur les performances cognitives n'étaient pas homogènes.

Depuis le début des années 2010, de nombreux travaux scientifiques ont rapporté que l'augmentation du temps d'utilisation des écrans, que ce soit pour jouer à des jeux vidéo ou simplement pour regarder la télévision, n'était pas anodine pour le cerveau. Elle serait associée à une modification de sa structure et de son fonctionnement. Les résultats de certains d'entre eux suggèrent que le recours aux écrans a conduit à une spécialisation fonctionnelle et qu'un temps d'écran excessif pouvait avoir un impact négatif sur le contrôle cognitif, c'est-à-dire sur la capacité à organiser son comportement en fonction du contexte. Certaines études ont rapporté une baisse des performances cognitives, d'autres des liens avec différents troubles psychiques. L'exposition aux écrans est toutefois peu associée à une augmentation de l'anxiété, de la dépression, pas plus qu'aux comportements d'évitement ou de retrait. Les conséquences rapportées ne sont certes pas uniformément négatives. Alors que certaines études ont mis en évidence des conséquences négatives sur les performances dans certains domaines, d'autres ont rapporté des améliorations, telles qu'une meilleure capacité à se repérer dans l'espace. Il est en tout cas patent qu'on ne peut pas passer beaucoup de temps devant un écran sans renoncer à d'autres activités.

CHAPITRE 4

La dépendance aux écrans

La télévision

L'histoire de la dépendance aux écrans a débuté avec l'avènement de la télévision. La notion d'excès de télévision a émergé dès les années 1970. Le concept de dépendance à la télévision est rapidement apparu pertinent, en particulier aux parents d'enfants qui ne parvenaient pas à s'extraire de leur écran. Il fait pourtant toujours débat et n'a jamais intégré les classifications, dont le *Manuel diagnostique et statistique des troubles mentaux* (*DSM*).

En 2001, l'Académie américaine de pédiatrie s'est inquiétée des conséquences de l'excès de télévision, potentiellement responsable d'une aggravation des comportements agressifs, d'une prise de poids, d'une dégradation de l'image du corps et d'une baisse des résultats scolaires. Devant ce constat, elle a recommandé d'éviter les écrans chez les enfants de moins de 2 ans et de ne pas dépasser 2 heures d'écran entre 2 et 5 ans. Vingt-deux ans plus tard, cette durée a été revue à la baisse, les nouvelles directives préconisant de ne pas dépasser 1 heure d'écran par jour entre 2 et 5 ans et de rester dans les limites du raisonnable au-delà de 6 ans. Une surveillance adaptée à l'âge a également été préconisée, l'idéal étant qu'elle soit accompagnée de conseils, voire d'un enseignement portant sur l'utilisation des médias.

Les smartphones

Les enfants d'aujourd'hui sont loin de respecter ces limites, c'est un des marqueurs des questions éducatives d'aujourd'hui. La situation s'est compliquée puisque la première forme d'écran qui s'est démocratisée, la télévision, n'en constitue plus que l'un des formats incriminés, comme nous l'avons vu plus haut. Les sollicitations sont devenues quasi permanentes avec la généralisation des smartphones. Ceux-ci permettent d'ailleurs, parmi tous les contenus d'Internet, de regarder les programmes proposés par les chaînes de télévision, en direct aussi bien qu'en replay.

La sursollicitation nuit considérablement à l'autorégulation du recours aux écrans, en particulier chez les plus jeunes. En pratique, l'interdiction d'avoir sur soi son smartphone pendant les heures de classe offre la seule pause obligatoire aux enfants scolarisés, ce qui contribue à les protéger.

Depuis l'apparition des smartphones, leur possession par les plus jeunes a fortement augmenté. En 2019, 81 % des jeunes de 12 à 14 ans possédaient leur propre téléphone portable selon le *Baromètre du numérique*. Une étude réalisée par Common Sense Media cette même année a montré que les préadolescents et adolescents consacraient la majorité de leur temps d'écran à regarder la télévision et des vidéos grâce aux plateformes YouTube et Netflix. En 2019, après la télévision et les vidéos, les adolescents utilisaient principalement Internet pour accéder à des jeux et aux réseaux sociaux. Selon les données de cette étude, les adolescents, qui passaient en moyenne plus de 7 heures par jour sur un écran, consacraient 39 % de ce temps à regarder la télévision et des vidéos, 22 % à jouer aux jeux vidéo et 16 % à circuler sur les réseaux sociaux. Les préadolescents, qui passaient en moyenne un peu moins de 5 heures par jour devant un écran, consacraient 53 % de ce temps à la télévision et aux vidéos, 31 % aux jeux et 4 % aux réseaux sociaux.

Les premières études sur la dépendance à la télévision réalisées dans les années 1970 ont utilisé cinq des sept critères du diagnostic de dépendance à une substance décrits dans le *DSM*. Sont considérées comme dépendantes de la télévision les personnes qui passent de longs moments à la regarder, qui la regardent plus longtemps ou plus souvent qu'elles ne le souhaiteraient, qui font des efforts répétés mais infructueux pour la regarder moins longtemps, qui abandonnent des activités sociales, familiales ou professionnelles importantes pour la regarder et qui rapportent un malaise subjectif faisant évoquer un sevrage lorsqu'elles en sont privées.

Ces études ont montré que les personnes qui se considèrent comme dépendantes de la télévision sont plus malheureuses, plus anxieuses ou plus renfermées que les autres, y compris celles qui regardent la télévision sans en être dépendantes. Une hypothèse est qu'elles utilisent la télévision pour se distraire de leurs sentiments négatifs.

Addiction à Internet, cyberdépendance, cyberaddiction

La généralisation du recours aux nouvelles technologies a favorisé le développement d'un nouveau type d'addiction. Même si le temps passé sur Internet a explosé, il ne faut pas se précipiter sur ce type de diagnostic. Le fait de passer de nombreuses heures sur un écran ne suffit pas en soi à caractériser une addiction.

Les personnes qui entretiennent une relation normale et celles qui entretiennent une relation perturbée aux écrans ne constituent pas deux catégories parfaitement distinctes. Si l'on se réfère à Canguilhem, le normal et le pathologique ne s'opposent pas, bien qu'il existe des différences quantitatives et qualitatives entre ces deux états. Cette perspective conduit à recourir à des critères arbitraires – qui seront envisagés plus loin – pour définir ce type d'addiction. Cette démarche n'a rien d'exceptionnel, tous les troubles psychiatriques ayant dû être définis selon le même principe puisque aucune manifestation spécifique ne permet de poser avec certitude leur diagnostic.

La dépendance à Internet, également désignée par les termes cyberdépendance et cyberaddiction, peut se manifester de plusieurs manières. Le plus fréquemment, les personnes qui en sont victimes s'adonnent de manière compulsive aux jeux, aux réseaux sociaux, au courrier électronique, aux blogs, aux achats ou à la pornographie en ligne. La manière dont Internet est utilisé la caractérise tout autant que le temps passé dessus.

Cette forme d'addiction n'est pas encore unanimement reconnue comme appartenant aux troubles mentaux. Elle gagne certes du terrain et commence à faire partie du champ des altérations de la santé mentale puisqu'elle a intégré le *Manuel diagnostique et statistique des troubles mentaux* (*DSM*) en tant que trouble nécessitant davantage de recherche. À ce titre, son diagnostic n'est pas encore formalisé, ce qui nuit à l'homogénéité du trouble. Ce diagnostic est, de fait, posé de manière très hétérogène. En découlent des fréquences allant de 0,3 à 38 % selon les études. Concrètement, chaque étude recourt à ses propres critères diagnostiques, étant donné qu'il n'en existe pas de consensuels.

En pratique, le diagnostic de cyberdépendance ne devrait être posé que lorsque l'intérêt suscité par Internet et les jeux vidéo en ligne est si exclusif et si intense qu'il devient incontrôlable, que la personne est dans l'impossibilité de s'en extraire et qu'elle en subit les répercussions négatives sur sa vie de tous les jours. Ces caractéristiques, en particulier le recours excessif et incontrôlable à un produit ou à un comportement, à l'instar du déni de la moindre difficulté, sont d'ailleurs communes à toutes les formes d'addictions.

Dans la dépendance à Internet, la question du temps passé sur les jeux en ligne ne se limite pas à une incapacité à en contrôler la durée, selon ce qui a déjà été évoqué ; la perte de contrôle fait aussi l'objet d'un déni. De plus, un ennui ou un sentiment de vide, voire une agressivité se manifestent lorsque cette activité est empêchée. Enfin, une absence d'intérêt pour d'autres activités et un évitement des relations interpersonnelles et des responsabilités viennent compléter le tableau.

La cyberdépendance concerne aussi bien les enfants que les adolescents ou les adultes. Elle peut prendre différentes formes, la plus connue étant l'addiction aux jeux vidéo en ligne multijoueurs, appelée en anglais *Massively Multiplayer Online Role-Playing Games* (MMORPG). Elle altère la scolarité, la vie professionnelle et la vie privée, mais aussi l'alimentation et le sommeil. Elle nuit en outre à l'investissement d'autres activités, qu'elles soient relationnelles, intellectuelles ou physiques. Ses conséquences sont donc considérables.

L'ennui, l'insomnie, l'absence d'objectif et l'isolement social peuvent également conduire à une cyberaddiction. Chez l'enfant, l'absence de cadre parental et le manque d'opportunité de pratiquer d'autres activités peuvent la favoriser. Chez l'adulte, elle est parfois déclenchée ou aggravée par la consommation de substances psychoactives au cours du jeu.

Critères de cyberdépendance

Comment reconnaître la dépendance à Internet ? En 2005, Keith W. Beard a proposé d'évoquer cette addiction lorsque cinq caractéristiques sont présentes : le fait que la personne est si préoccupée par Internet qu'elle pense sans cesse à son utilisation passée ou future ; son besoin de l'utiliser de plus en plus longtemps pour se sentir satisfaite ; l'impossibilité de cesser d'y recourir ou même de contrôler ou de réduire son utilisation ; la tension interne, la contrariété, la tristesse ou l'irritabilité ressentie lors de la réduction de son utilisation ; le fait qu'elle reste connectée plus longtemps qu'elle ne l'avait initialement prévu. Selon Beard, l'une des caractéristiques suivantes doit également être présente pour confirmer le diagnostic : la mise en péril de relations, d'un emploi ou encore d'une opportunité de formation ou de carrière ; la minimisation ou la dissimulation du recours à Internet conduisant à mentir à ses proches et aux professionnels ; son utilisation pour fuir des difficultés ou pour soulager une culpabilité, une anxiété, une dépression ou un sentiment d'impuissance.

Des questionnaires permettent d'évaluer l'intensité d'une dépendance à Internet. Parmi les plus utilisés, figurent le test d'addiction à Internet (*Internet Addiction Test – IAT*[1]), le questionnaire d'utilisation problématique d'Internet (*Problematic Internet Use Questionnaire – PIUQ*[2]) et l'échelle d'utilisation compulsive d'Internet (*Compulsive Internet Use Scale – CIUS*).

Questionnaire sur l'utilisation problématique d'Internet

(Démétrovics, Szeredi et Razsa, 2008 ; trad. de Kern et Acier, 2013)

1. Pensez-vous à Internet lorsque vous faites autre chose ?
2. Négligez-vous des tâches quotidiennes pour passer plus de temps sur Internet ?
3. Devriez-vous diminuer le temps passé sur Internet ?
4. Songez-vous souvent à Internet ?
5. Passez-vous du temps sur Internet alors que vous devriez dormir ?
6. Essayez-vous de diminuer le temps passé sur Internet sans y parvenir ?

1. http://www.addictauvergne.fr/addictauvergne/wp-content/uploads/2013/06/Test-iat.pdf.
2. https://www.ipubli.inserm.fr/bitstream/handle/10608/5966/?sequence=16.

7. Êtes-vous stressé(e) si vous ne pouvez pas utiliser Internet aussi longtemps que prévu ?
8. Cachez-vous le temps que vous passez sur Internet ?
9. Êtes-vous stressé(e) si vous ne pouvez pas utiliser Internet pendant plusieurs jours ?
10. Est-ce que votre utilisation d'Internet vous cause des ennuis ?
11. Vous sentez-vous déprimé(e) ou de mauvaise humeur quand vous n'êtes pas sur Internet et ces sensations cessent dès que vous vous connectez ?
12. Vous dites-vous quand vous êtes sur Internet : « Encore quelques minutes et j'arrête » ?

Il est banal pour les joueurs en ligne d'y consacrer 6 à 10 heures par semaine (voir figure 5). Au-delà de 14 heures – soit plus de 2 heures par jour –, on les considère comme des gros joueurs. En cas d'addiction, cette durée dépasse souvent les 30 heures par semaine. Parmi l'ensemble des joueurs, la proportion de personnes dépendantes approche des 10 %, y compris chez les enfants, même si la catégorie d'âge qui prédomine est celle des 15-35 ans.

La gravité de la dépendance à Internet est estimée à l'aune de ses conséquences sur la vie quotidienne et pas seulement du temps qui lui est consacré. La perte d'intérêt pour d'autres activités est généralement flagrante. La réduction des activités sociales ou de la pratique du sport est le premier signal d'alarme qui doit être pris en compte. Le recours aux écrans en tant que manière de lutter contre son désespoir en est un autre. Les enfants entrés dans cette forme de dépendance peuvent rester bloqués sur leur smartphone ou sur leur écran d'ordinateur

Figure 5. Proportion des joueurs passant plus de 6 heures par semaine à jouer aux jeux vidéo en 2021

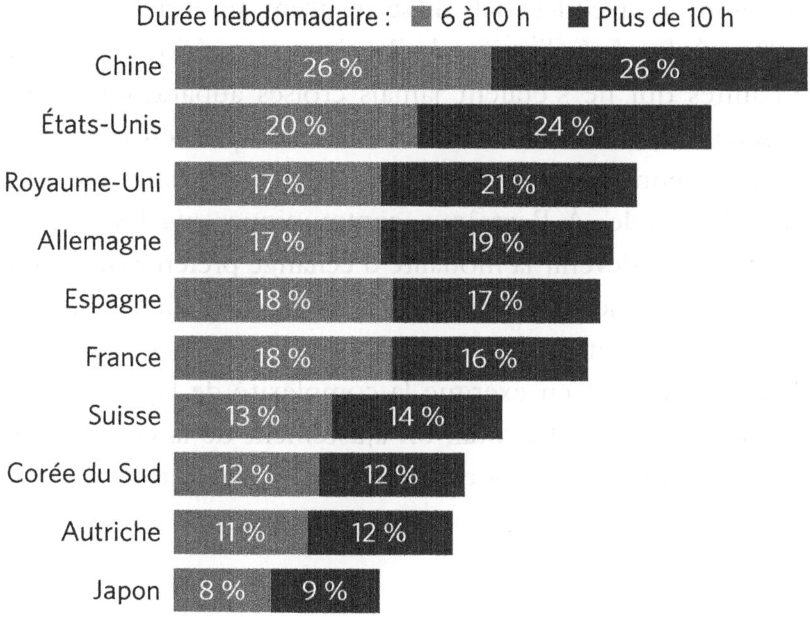

Étude menée en ligne entre le 8 janvier et le 14 juin 2021 auprès de 2 000 à 5 000 personnes âgées de 8 à 64 ans dans chaque pays sélectionné.
(D'après *Statista Global Consumer Survey*.)

alors même qu'ils sont censés faire leurs devoirs ou être déjà couchés. Tenter de leur retirer leur smartphone, leur tablette ou l'accès à un ordinateur entraîne une réaction agressive ou un refus de leur part. Ce type de comportement peut être interprété comme une manifestation de sevrage.

On parle souvent d'appauvrissement relationnel dû aux écrans. Ils peuvent certes stériliser les relations, mais ils peuvent aussi *a contrario* les favoriser. Cette observation complexifie les attitudes éducatives visant à réduire l'accès aux écrans des enfants ou des jeunes adolescents et à limiter le risque d'addiction. En effet réduire l'accès aux écrans peut aussi les couper de leur cercle social. Ils peuvent alors subir les moqueries des membres de leur groupe pour qui l'accès n'est pas limité et avec lesquels ils se trouvent ainsi en décalage.

Depuis la généralisation de l'accès au numérique, nombre d'adultes qui ne s'étaient jamais croisés auparavant, et ne se seraient jamais croisés s'ils ne s'étaient pas rencontrés en ligne deviennent parfois amis, voire s'engagent dans une relation de couple. À l'extrême, communiquer *via* les réseaux sociaux peut devenir la modalité d'échange préférée ou même exclusive. Lorsque ce seuil est franchi, on peut considérer que l'usage d'Internet devient problématique. Ces différentes données mettent en exergue la complexité de la gestion du temps sur écrans. Au total, un ajustement de la consommation en « tout ou rien » est rarement satisfaisant.

CHAPITRE 5

Limiter le recours aux écrans

Des pistes pour prendre soin de soi...

Ainsi que cela vient d'être évoqué, il serait difficile pour la plupart d'entre nous de renoncer totalement aux écrans. En revanche, il existe des moyens d'en limiter l'usage et, finalement, d'y recourir de manière moins compulsive et donc plus positive. Il est tout d'abord essentiel de reconnaître d'éventuelles difficultés et en particulier une dépendance. Il est impossible de s'engager dans une démarche de réduction du recours au numérique si l'on n'a pas conscience d'en être dépendant.

Les modalités d'échanges sur Internet sont en elles-mêmes à risque de conséquences négatives. Ses utilisateurs bénéficient d'un parfait anonymat qui les exonère potentiellement de toute responsabilité et de toute limite, en dehors de celles qu'ils se fixent eux-mêmes. Certains se considèrent comme pouvant agir en toute impunité sous une identité fallacieuse et en profitent pour s'adresser à l'autre comme jamais ils ne le feraient s'ils se trouvaient face à lui. Ainsi Internet devient un défouloir permettant de faire pleuvoir sur des victimes fortuites des propos dénigrants ou des insultes pouvant se répéter et s'inscrire dans des conduites de harcèlement. Ce phénomène est illustré de manière explicite dans le livre *Cher Connard* de Virginie Despentes. Nombre d'entre eux ne renonceront pas facilement à ce qu'ils considèrent comme un espace de liberté, crucial pour eux, même si c'est au détriment de la vérité et souvent au préjudice d'autrui.

Toutefois, il n'est pas réaliste de viser le jeûne technologique, étant donné la place prise par l'outil informatique dans nombre de tâches professionnelles et dans la communication en général. La simple nécessité de devoir agir contre cette dépendance fait d'ailleurs l'objet d'un débat. Certains minimisent le problème, considérant que la dépendance à Internet est un simple concept à la mode ne recouvrant aucune réalité en termes d'addiction. Ceux-là suggèrent qu'il n'y a rien à faire et que la difficulté, quand elle existe, se résout généralement d'elle-même. Certaines études ont d'ailleurs montré qu'un comportement autocorrectif pouvait être adopté avec efficacité. Un tel comportement peut s'appuyer sur les logiciels permettant de contrôler le recours à Internet et les types de sites susceptibles d'être visités. Personne ne vise en tout cas une abstinence totale : une solution aussi radicale ne constitue généralement pas une réponse pertinente, ni efficace.

Doreen Dodgen-Magee, psychologue et essayiste américaine qui consacre ses recherches aux modes de vie contemporains, préconise de traiter la dépendance à l'écran de la même manière qu'on soignerait un trouble du comportement alimentaire. En effet, à l'instar du constat qu'il nous faut manger pour vivre, il nous faut aussi utiliser la technologie pour appartenir au monde. Il est donc indispensable que nous apprenions à faire preuve de modération.

Puisqu'il n'est pas réaliste de décider de se passer entièrement de technologie, il faut élaborer des stratégies de contrôle. L'une d'entre elles consiste à programmer le routeur wifi du lieu où l'on se trouve, de telle sorte qu'il s'éteigne et s'allume à certains moments de la journée. Une autre possibilité consiste à limiter le nombre d'applications sur l'écran d'accueil de son téléphone portable et de désactiver toutes les notifications.

De fait, tout ce qui va dans le sens d'une atténuation des sollicitations numériques ne peut être que bénéfique. Mettre en place des conditions favorables à une utilisation parcimonieuse des appareils numériques qui nous entourent peut permettre un sevrage partiel. Cela peut consister à prendre le contrôle de l'environnement sensoriel dans lequel nous sommes immergés et à lui donner une place plus importante. On peut, par exemple, utiliser des bougies parfumées ou garder à portée de main un petit objet esthétique et agréable à toucher. Délimiter notre journée de travail est également fort utile. Le passage brutal au télétravail, au printemps 2020, avait brouillé la frontière entre vie professionnelle et vie privée (voir à ce sujet le chapitre 12 sur le monde post-Covid, p. 155), qui n'a pas toujours été rétablie depuis. Il est indispensable de redessiner des limites plus nettes entre les deux.

Une manière de procéder peut consister à ne recourir à aucun outil connecté à certaines heures de la journée, en particulier juste après le réveil. Cela permet d'élaborer notre propre ressenti et de nous en imprégner, au lieu de laisser le contenu de notre boîte de réception électronique ou de notre fil d'actualité avoir une influence sur la journée qui va suivre. Nous consacrer au contraire à la lecture d'un livre, écouter de la musique apaisante, faire quelques exercices de relaxation ou méditer apporte du calme à notre corps et à notre esprit. Il est également utile de prévoir des pauses, par exemple pour aller nous promener dans notre quartier, profiter de notre environnement, prêter attention aux éléments architecturaux de notre milieu de vie, aux éléments naturels qui le composent – évidemment sans notre smartphone, en essayant de nous attacher petit à petit à ce qui nous entoure, ce qui facilite paradoxalement la possibilité de nous concentrer sur notre monde intérieur.

L'évaluation du temps d'écran quotidien qui est proposé par les smartphones fournit des repères qui permettent d'en contrôler efficacement l'usage. Au total, le plus important est de ne recourir à ces appareils que lorsque nous en avons un besoin impératif, et de tout faire pour éviter de nous laisser enfermer dans le vagabondage sur écran.

Lorsque la dépendance à Internet est associée à un trouble anxieux ou à une dépression, le traitement de ces derniers sera indirectement bénéfique à la première. Le traitement des troubles anxieux et de la dépression repose sur l'association de mesures d'hygiène de vie (pratique d'une activité physique, rythme de sommeil régulier, alimentation équilibrée), de mesures psychocorporelles (relaxation, méditation) et d'une psychothérapie adaptée. Lorsque cette triade se révèle insuffisante, ou d'emblée en cas de trouble sévère, on leur associe des médicaments antidépresseurs. Quoi qu'il en soit, traiter l'anxiété ou la dépression associée permet de réduire la cyberdépendance. Des études ont montré que la prise d'antidépresseurs ou bien la pratique d'une activité physique, par des personnes ayant reçu un diagnostic de dépression ou de trouble anxieux, réduisait considérablement le temps qu'elles passaient sur Internet.

Même en l'absence de dépression ou de trouble anxieux, le sport et, plus largement, toute forme d'activité physique soutenue réduit cette forme de dépendance. Il est probable que cet effet découle d'une augmentation du taux de sérotonine suscitée par l'activité physique, ce neurotransmetteur ayant la propriété de réduire l'activité du système de récompense.

L'efficacité de nombreuses formes de traitement non médicamenteuses a été étudiée dans la dépendance à Internet. Parmi elles figurent au premier plan les psychothérapies brèves, dont les thérapies cognitives et comportementales (TCC) et la thérapie comportementale dialectique (TCD), ainsi que d'autres formes de psychothérapies individuelles et groupales, mais aussi en dehors du champ des psychothérapies : la thérapie équine, l'art-thérapie, les thérapies expérientielles et les thérapies récréatives. Ces dernières permettent de renoncer à un comportement en investissant à la place une activité de loisir ou une activité créative vécue comme gratifiante.

S'appuyant sur la parole à l'instar de toutes les psychothérapies, les TCC aident les personnes à identifier puis à modifier d'éventuelles pensées négatives ou inappropriées. Au fil de la prise en charge, il leur devient possible d'envisager plus sereinement leur propre discours intérieur et les situations auxquelles elles sont confrontées et ainsi de pouvoir affronter plus positivement leurs difficultés. Les séances de

TCC peuvent être utilisées pour modifier leur lien à Internet et ainsi réduire la dépendance qu'il suscite, tout en prenant en compte un possible défaut de soutien familial ou social. Elles permettent en outre d'identifier des troubles associés, en particulier anxieux ou dépressifs, sur lesquels elles se montrent très efficaces.

La motivation est sollicitée dans ces nombreuses approches, notamment dans les TCC. Elle est au cœur de ce qu'on appelle l'« entretien motivationnel ». Ce type d'échange destiné à favoriser le changement a été conceptualisé par Miller et Rollnick. Il est utile quelle que soit l'addiction concernée, comportementale ou avec produit. Il s'inscrit dans une volonté de collaboration et de non-confrontation. S'appuyer sur la motivation de la personne accompagnée lui permet plus facilement – ou moins difficilement – de décrire ce qu'elle ressent avant d'aller sur Internet et, une fois qu'elle y est, de surmonter son ambivalence. Elle peut ainsi prendre conscience de la manière dont elle rationalise ou justifie son utilisation compulsive. Cet entretien motivationnel lui permet également d'identifier les conséquences de son comportement.

L'exposition est l'une des techniques sur lesquelles s'appuient les TCC. Elle contribue à affronter progressivement des situations qui suscitent un inconfort, une contrariété ou la peur. Au fil des séances, le participant est conduit à rester à distance d'Internet pendant des durées de plus en plus longues. Cet éloignement progressif brise lentement le schéma de la peur, c'est-à-dire l'évitement des situations anxiogènes, en particulier sociales, qui favorisent son recours compulsif à Internet. En parallèle, il est conduit à réinvestir d'autres attitudes plus profitables pour lui.

La thérapie comportementale dialectique (TCD) agit sur la dysrégulation émotionnelle à l'origine d'une souffrance en facilitant une prise de conscience des liens entre le corps et l'esprit et une meilleure régulation des émotions. La TCD a un impact sur les systèmes de croyances qui sous-tendent la dépendance à Internet, souvent en lien avec une mauvaise estime de soi.

Les thérapies récréatives répondent à l'un des plus grands défis auxquels sont confrontées les personnes dépendantes à Internet : pour surmonter leur dépendance il leur faudrait pouvoir remplacer le recours à des activités en ligne par des activités sociales. Les thérapies récréatives les aident – qu'elles soient destinées aux adultes, aux enfants ou aux adolescents – à découvrir de nouveaux centres d'intérêt pouvant servir de mécanismes d'adaptation et constituer un moyen plus approprié de créer des liens avec les autres que de *liker* les posts des uns et des autres sur les réseaux sociaux.

En raison de la fréquence de la cyberdépendance et de la demande répandue de pouvoir s'en extraire, des programmes de traitement ne reposant pas que sur des techniques ayant fait l'objet d'études scientifiques ont vu le jour dans le monde entier. Des méthodes peu éthiques ont été employées. L'électroconvulsivothérapie (c'est-à-dire la stimulation électrique du cerveau, couramment appelée « électrochocs ») a ainsi pu être utilisée pour faire renoncer des personnes à Internet, avant d'être interdite dans cette indication. Dans un registre proche, en 2013, un clavier d'ordinateur un peu spécial a été créé. Il avait la particularité de donner des chocs électriques à très faible voltage à son utilisateur lorsque celui-ci se rendait sur des sites Web proscrits.

Aux États-Unis, un centre appelé ReSTART, utilisant des techniques à la fois plus conventionnelles et nettement plus appropriées pour parvenir au même objectif, a été créé dès 2009 à Seattle. La question de la dépendance à Internet a pris une telle ampleur que certains pays ont été amenés à créer des centres de désintoxication à l'échelle nationale.

... et de ses enfants

Ceux d'entre nous qui ont des enfants dont ils souhaitent faire évoluer le comportement doivent adopter une attitude susceptible de leur servir de modèle. S'ils veulent qu'ils réduisent leur temps d'écran, ils ne peuvent pas faire l'économie de diminuer le leur. Il est en effet contradictoire de demander à des enfants qui voient constamment leurs parents devant leur smartphone, leur ordinateur ou la télévision de passer moins de temps devant un écran. Le fait de devoir servir d'exemple protège donc également les parents d'un recours excessif aux écrans.

Transformer les temps d'écran en activité collective peut également être très positif. On peut ainsi encourager les enfants à se regrouper devant un écran et à utiliser ce qu'ils voient pour interagir entre eux. Il est important de leur signifier des attentes explicites vis-à-vis du temps qu'ils consacrent aux écrans, celles-ci étant fonction de leur âge. Leur expliquer ce qu'est la cyberdépendance est souvent utile. Il faut également leur indiquer ce qui est attendu en termes de participation à la vie de famille. Il faut être explicite, didactique quant à tous ces points, tout en restant encourageant et ne céder à aucune tendance agressive. Un planning familial détaillant l'utilisation des écrans par chacun de ses membres peut être établi. Un relâchement des consignes durant le week-end est envisageable si les restrictions ont été bien respectées durant le reste de la semaine.

Selon l'Académie américaine de pédiatrie, le recours aux écrans doit respecter les valeurs familiales et le style parental des utilisateurs. Lorsqu'ils sont utilisés de manière réfléchie et appropriée, les écrans peuvent améliorer la vie au quotidien. En revanche, une utilisation inappropriée ou irréfléchie peut se faire au détriment d'activités importantes, dont les moments passés en famille et les autres occasions d'avoir des interactions sociales directes, les jeux en plein air et toutes les autres activités physiques.

Encourager une utilisation raisonnée des écrans est le véritable enjeu. Fixer des limites en termes de durée est souvent inefficace, d'autant plus qu'Internet est étroitement lié à notre vie quotidienne. De nombreux parents sont focalisés sur le temps passé sur les écrans et sont convaincus que leur enfant est dépendant, alors même qu'il fait des choix relativement positifs en la matière. Le fait d'installer un contrôle parental sur leur téléphone, de lire leurs messages ou de leur retirer leur téléphone pendant de longues périodes, sans dialogue ni pédagogie autour du sujet des écrans, ne leur apprend pas nécessairement à avoir une relation plus saine avec Internet. Au contraire, cela peut leur apprendre le mensonge ou qu'ils n'ont droit à aucune vie privée.

Il vaut mieux leur donner l'exemple. Pourquoi ne pas adopter la proposition de Michel Desmurget de faire lire nos enfants en nous plongeant nous-mêmes dans la lecture ?

Les adolescents et les réseaux sociaux

Qu'en est-il des adolescents ? Presque tous les lycéens possèdent un smartphone. Les trois quarts d'entre eux le consultent au moins une fois par heure. Ils passent en moyenne deux fois plus de temps en ligne qu'à l'extérieur. Contrairement aux autres addictions comportementales dont le caractère pathologique est flagrant, la dépendance à Internet est subtile à appréhender. Si l'on se contentait des apparences, en faveur de la proximité de n'importe quel adolescent avec son smartphone, on pourrait à première vue les croire tous dépendants des écrans. Or ils recourent à la technologie de manière très différente les uns des autres. Il existe des catégories de personnes plus enclines à dépendre d'Internet ou, plus précisément, des réseaux sociaux. Parmi elles, il y a des adolescents ayant des difficultés en termes de santé mentale. Plus largement, tous les adolescents n'ont pas découvert Internet sur le tard comme leurs parents, mais ils ont grandi avec. Cela contribue à les rendre particulièrement à l'aise dans les échanges en ligne, y compris à travers l'utilisation d'émojis et autres GIF, alors qu'ils ne le sont pas nécessairement en face à face. Ce trait-là n'est pas pathologique ; le comprendre peut d'ailleurs aider à entrer en contact avec eux.

On peut limiter le temps passé sur Internet par les enfants, même si cela est difficile puisque c'est maintenant souvent leur principal moyen de communication et un moyen d'information utilisé en première ligne à l'école ou pour faire leurs devoirs. L'idéal serait d'instaurer une relation de confiance autour de leurs liens à Internet. Les adolescents veulent être considérés comme des personnes responsables. Ils considèrent que leur demander leurs mots de passe ou vérifier leurs messages est une atteinte à leur vie privée. Il vaut mieux insister sur le fait qu'on leur fait confiance et que leur utilisation d'Internet est réfléchie et les encourager à faire attention à ce qu'ils publient et aux personnes avec lesquelles ils se connectent. Il est également utile de leur suggérer de créer des profils privés et de leur rappeler que tout ce qu'ils publient est permanent, même une fois qu'ils l'ont supprimé.

Évoquer les avantages et les inconvénients des réseaux sociaux est également fort utile. Il faut prendre en compte l'opinion des adolescents, reconnaître que leur perception est différente d'une génération à l'autre. Lorsqu'ils sont utilisés de manière appropriée, les réseaux sociaux rassemblent des personnes ayant des intérêts similaires et réduisent leur solitude en les aidant à rester en contact. Il ne faut pas hésiter à exprimer ses propres craintes quant à l'effet de ces réseaux sur l'image corporelle des plus jeunes, leur socialisation et leur perception des relations amoureuses. Les risques de cyber-intimidation, de prédation et de piratage informatique sont bien réels et doivent être prévenus par un renforcement de la sécurité en ligne.

Il est plus facile pour les adolescents de suivre des suggestions que de se soumettre à des contraintes. Il faut leur donner l'impression qu'ils sont les seuls responsables des décisions qui les concernent. Au lieu de les menacer de leur retirer leur téléphone ou leur ordinateur à titre répressif, il vaut mieux leur proposer des activités qui ne nécessitent pas de recourir à Internet. Parmi elles, on pourra les choisir en milieu naturel, ce qui facilite la déconnexion. Développer une affinité pour ce type d'occupations éloigne de l'usage d'écrans et génère moins d'anxiété. Nous reviendrons largement sur ces aspects dans la troisième partie du livre. Aussi, on peut leur suggérer de recharger leur téléphone à l'extérieur de leur chambre durant la nuit ou de le laisser dans une autre pièce lorsqu'ils se consacrent à leurs devoirs. On peut aussi leur permettre de mettre en place une allocation limitée de données mobiles (permettant de suivre et de limiter sélectivement l'utilisation de certaines applications) pour leur apprendre à être responsables et leur montrer comment surveiller leur recours à Internet afin de pouvoir s'auto-ajuster.

Il est important de donner l'exemple d'une relation saine avec les écrans. On peut proposer aux adolescents de regarder des émissions de télévision en famille et les encourager à ranger leur téléphone à table. Si l'on est soi-même sur les réseaux sociaux, il sera facile d'y suivre ses propres enfants ou, si l'on n'y est pas encore, de se créer un profil pour pouvoir le faire. Au lieu de surveiller ce qu'ils publient, il est plus utile de publier soi-même des messages positifs qu'ils sont susceptibles de voir. On peut aussi s'abonner à des pages qui traitent de questions instructives et positives, telles que l'estime de soi, l'éducation ou tout autre sujet qui intéresse les enfants, afin de pouvoir échanger avec eux. On peut enfin donner l'exemple en montrant comment optimiser le temps passé en ligne pour acquérir de nouvelles compétences, pour suivre l'actualité ou trouver des réponses à des questions qu'on se pose.

Les écrans occupent une trop grande partie de notre temps. Réduire la place qu'ils ont prise dans nos vies nécessite parfois le recours aux moyens thérapeutiques ou pédagogiques qui viennent d'être envisagés, mais cela peut aussi passer par un réinvestissement des espaces naturels qui nous entourent. C'est cette ouverture qui va être développée dans les pages qui vont suivre.

TROISIÈME PARTIE

Les bienfaits de la nature sur notre santé mentale

Les crises que nous avons traversées – et que nous continuons à traverser – ont eu des impacts majeurs sur notre organisation sociale, notre bien-être et notre santé. Elles ont mis au jour encore un peu plus certains de nos travers (rapport aux écrans, activité humaine polluante à l'origine du réchauffement climatique), déjà dénoncés et associés à la modernité. Elles ont révélé de nombreuses fragilités dans nos organisations de vie et ce dans plusieurs dimensions, avec des conséquences sur notre psychologie et sur notre physiologie.

Ces constats ont permis à certains d'entre nous de prendre du recul et de reconsidérer les choix de leur existence et plus généralement d'interroger les priorités du monde actuel. Cette prise de conscience nous semble indispensable pour repenser en profondeur l'organisation de notre vie sociale, de notre vie urbaine, de notre lien à l'autre et à notre environnement, en tenant compte de nos besoins essentiels. Dans les pages qui suivent, nous allons tenter de nous décaler par rapport au monde actuel, quitte à faire un détour important, passant par les dates marquantes de l'histoire de l'humanité, pour mieux comprendre notre temps présent et mieux habiter notre futur.

CHAPITRE 6

L'homme moderne, un produit de l'évolution

Le fait que l'humanité ait pris une place prépondérante sur la Terre ne découle pas du hasard, en tout cas pas d'un hasard déconnecté des circonstances environnementales. Au-delà d'être adaptés aux conditions de notre planète, nous possédons également des caractéristiques qui nous ont conduits à dominer notre environnement. Avant de clarifier cette affirmation darwinienne, s'appliquant à l'ensemble des espèces, rappelons que nous sommes le fruit d'une longue évolution. Toutes les espèces actuelles sont le produit de la sélection naturelle, mais aussi d'autres mécanismes dont la sélection sexuelle que nous ne détaillerons pas dans cet ouvrage. Elles n'ont pu persister dans notre environnement que parce qu'elles s'y sont adaptées et y trouvent leurs ressources. L'inévitable extinction de nombre de celles qui sont en sursis pourrait découler de l'expansion sans limites de l'humanité. L'évolution ne laisse persister que ce qui est resté adapté, ou ce qui est devenu adapté, à l'environnement du moment.

Le dernier ancêtre commun universel

Ce processus évolutif a démarré il y a plusieurs milliards d'années avec la créature vivante qu'on désigne comme étant le « dernier ancêtre commun universel », DACU ou LUCA en anglais (*Last Universal Common Ancestor*). L'anatomie de LUCA était des plus rudimentaires. Sa structure était très éloignée de celle des hommes et des femmes qui peuplent nos villes modernes, mais aussi de celle des simples virus et bactéries qui nous colonisent. Depuis LUCA, un nombre considérable d'organismes appartenant à différentes espèces ont progressivement divergé et se sont frayé un chemin dans l'histoire de l'évolution au gré des contraintes exercées par leur environnement.

La pression de l'environnement a contribué à la sélection des espèces vivantes à chaque étape de l'évolution. Une première période très longue sépare LUCA des premiers primates. Une période beaucoup plus brève, mais qui s'est néanmoins étendue sur quelques millions d'années, a permis à l'ordre des primates, auquel nous appartenons, d'évoluer de ses premiers représentants aux chimpanzés et aux humains modernes.

La pression de l'environnement a favorisé la survie ou l'extinction des espèces qui ont parcouru à tour de rôle la surface de notre planète. Ainsi la pression qui s'est exercée sur tous les homininés (c'est-à-dire les Australopithèques, *Homo ergaster*, *Homo erectus*, etc., liste qui rappelle probablement à certains des souvenirs d'école, de posters affichés dans leurs salles de classe sur lesquels des spécimens de ces différentes espèces sont présentés les uns à côté des autres) n'en a laissé subsister qu'un seul, *Homo sapiens*. Si les humains modernes sont là, bien là d'ailleurs, et en si grand nombre, c'est qu'à chacune des étapes de leur développement ils se sont révélés compatibles par la survie avec l'environnement de l'époque et ont résisté à ses pressions, de manière qu'ils puissent se reproduire et transmettre leurs caractéristiques à leur descendance.

Pression de l'environnement et sélection naturelle

Le principe d'une *sélection naturelle* a été introduit par Charles Darwin dès 1859 dans son ouvrage *De l'origine des espèces*. Sa description était fondée sur de nombreuses observations d'espèces vivantes et fossiles réalisées au cours du tour du monde qu'il avait effectué en tant que jeune naturaliste à bord du *Beagle*.

Quelle que soit l'espèce considérée, nous pouvons observer le développement de nouvelles particularités à chaque génération ; certaines vont persister, alors que d'autres disparaîtront. Certaines caractéristiques se sont révélées adaptées à la survie de l'espèce et lui ont permis, au fil des générations, de se maintenir face aux multiples contraintes exercées par la nature, parmi lesquelles des épreuves majeures telles que les glaciations, la raréfaction des ressources, les agressions des prédateurs, etc. Les caractéristiques qui ne permettent pas de faire face à l'adversité finissent par disparaître ; celles qui se maintiennent bénéficient aux générations ultérieures.

Chacun d'entre nous, et même chacune des parties de nous-même (selon que l'on raisonne à l'échelle d'un organe, d'une cellule, voire d'un organite cellulaire), est la résultante de millions d'années de pressions de l'environnement. Il ou elle s'y est donc adapté(e). Tout se passe comme si nous avions été modelés au fil du temps ! À l'instar d'une sculpture, ce modelage résulte de compromis concernant aussi bien la structure que le fonctionnement des organes, comme de l'organisme dans son entier.

Prenons un exemple permettant de mieux comprendre comment l'évolution a façonné notre espèce et a conditionné ses aptitudes physiques. Les humains ne peuvent pas voler. Être bipède avec des mains développées et une tête lourde est incompatible avec le vol. Parmi les obstacles au vol, le poids de la tête figure en bonne place. Il ne fait aucun doute que son poids nous déséquilibrerait. Il pourrait aussi causer quelques dommages aux cervicales. Dans un autre domaine, le fait que cette tête soit si volumineuse fait des accouchements un défi, d'autant que la bipédie a rétréci le bassin. À l'inverse, cette tête lourde abrite un cerveau plus important, compatible avec le développement des compétences cognitives qui ont permis à l'homme de connaître une si grande expansion démographique et géographique.

Pourquoi ne pas avoir conquis le monde à quatre pattes ? Cela aurait sûrement rendu la tâche plus facile à notre gros cerveau qui aurait alors eu le temps de se développer bien au chaud dans le ventre maternel. L'inconvénient – qui a invalidé une telle option – est que nous n'aurions pas pu nous alimenter, et donc survivre, sans pouvoir marcher, courir, regarder au loin, lancer des projectiles sur du gibier et saisir un fruit dans un arbre. Toutes ces activités nécessitent de se tenir debout sur ses deux jambes et de pouvoir appréhender avec finesse l'environnement.

L'évolution à laquelle les humains ont été soumis au fil des millions d'années de leur histoire leur a permis d'être progressivement adaptés à des écosystèmes très divers. Au-delà de ces caractéristiques générales, on peut se demander s'ils sont adaptés à certaines situations contemporaines. Le sont-ils par exemple à une vie sédentaire qui consiste à passer de longs moments sur un canapé avec pour toute alimentation de la *junk-food* et comme activité principale un jeu vidéo en ligne, tout en restant à l'affût des dernières nouvelles en provenance des réseaux sociaux grâce à un smartphone précieusement conservé à portée de main ?

Le mode de vie contemporain expose nombre d'entre nous à passer chaque jour un grand nombre d'heures devant un ou plusieurs écrans ; le phénomène s'est particulièrement exacerbé lors des confinements mis en place pour lutter contre la pandémie de SARS-CoV-2, comme nous l'avons vu dans les deux premières parties de ce livre. Nous vivons au cœur d'une économie de services, et d'une société pleinement dominée par le secteur tertiaire et les écrans qui en constituent un des outils dominants. L'omniprésence des écrans affecte aussi bien le domaine professionnel (où ils viennent s'interposer dans les relations commerciales et médicales ; dans ce dernier cas, la relation médecin-patient en est affectée, même si le développement des téléconsultations se justifie par un motif très pratique, le manque de médecins) que privé. Comment limiter la place des écrans qui sont devenus incontournables dans nos vies ?

Ce type d'environnement contribuera-t-il à la *sélection naturelle*, selon les règles qui ont été établies par Darwin ? Peut-on dire que nous y sommes adaptés ? Avons-nous déjà été modelés par notre environnement numérique ? Selon la logique de l'évolution, cette hypothèse est très improbable, tout simplement parce que notre évolution suit un rythme extrêmement lent. Si nous prenons comme repère l'échelle d'une vie humaine, ou même le temps que passent sur terre les quelques générations que nous croisons et sur lesquelles nous pouvons témoigner, voire en considérant le temps élargi à celui des aïeux dont nous pouvons indirectement témoigner, cela ne nous mènera pas au-delà d'un ou deux siècles, ce qui reste encore très court par rapport au temps nécessaire à l'évolution pour manifester ses effets. Celle-ci est bien plus lente !

De quels mécanismes génétiques découlent ces adaptations progressives ? De façon schématique, le génome de chaque individu fait l'objet de quelques variations spontanées qu'il peut transmettre à sa descendance. Cette transmission dépend d'une condition essentielle : que l'individu qui est porteur de la variation en question survive et se reproduise. L'histoire de ses gènes se poursuit alors avec sa descendance.

Une variation ou un groupe de variations peut constituer un trait, qui favorise l'adaptation à une contrainte exercée par l'environnement. Si un avantage se confirme et que la caractéristique considérée (qu'on appelle « trait ») favorise la survie, il y a toutes les chances pour qu'il soit transmis à la génération suivante. Cela est particulièrement vrai lorsqu'il y a une compétition avec d'autres individus qui ne possèdent pas ce trait. La lignée de ces derniers risque alors de se réduire, voire de s'éteindre. À chaque moment la chaîne de transmission d'un trait nouveau ou ancien peut s'interrompre. Quand un trait est franchement avantageux, il s'ancre dans l'espèce et se répand, parfois rapidement puisqu'il sort du lot. C'est ainsi que les moustiques communs (*Culex pipiens*) et les moustiques tigres (*Aedes albopictus*) qui résistent aux insecticides se sont répandus au détriment des souches non résistantes de ces deux espèces et que la seconde espèce prend progressivement la place de la première. Elle s'est en effet mieux adaptée à son environnement, car elle est plus agile, plus résistante et qu'elle vole plus rapidement. Le vol lent, plus bruyant et de courte portée du moustique commun le rend plus vulnérable. La première notion, de résistance aux insecticides, illustre la notion d'adaptation de l'espèce. La seconde, de domination du moustique tigre, illustre la sélection naturelle. Au total, les caractéristiques ayant fait l'objet d'une adaptation peuvent se pérenniser, ou non, en fonction des contraintes de l'environnement.

L'être humain évolue-t-il encore ?

Il a longtemps été admis que l'évolution de l'espèce humaine s'était achevée avec l'émergence d'*Homo sapiens* et qu'elle ne changerait plus. Certaines données récentes ont permis de nuancer cette affirmation. Tout d'abord, l'apparition d'*Homo sapiens* est beaucoup plus ancienne qu'on ne l'avait cru initialement. Le premier fossile identifié au XIXe siècle par Louis Lartet ne datait que de 28 000 ans. En 2017, l'équipe de Jean-Jacques Hublin a découvert des fossiles de *Sapiens* datant de 300 000 ans sur le site de Jebel Irhoud, dans le désert marocain. Notre espèce a eu l'opportunité d'évoluer au cours d'une aussi longue période. Aussi, si elle a principalement subi une lente évolution durant ces quelques centaines de milliers d'années, des adaptations liées à des changements d'environnement relativement récents ont également été mises en évidence.

La persistance de la lactase à l'âge adulte illustre ce phénomène. La lactase est une enzyme qui permet de digérer le lait. Chez nos ancêtres, elle n'était plus active dès l'âge de 3 à 5 ans. Ils n'étaient ainsi capables de digérer le lait maternel que durant leur petite enfance. À la suite de la disparition de cette aptitude, ils se concentraient sur la consommation d'autres aliments. Il est probable que seuls quelques individus conservaient la capacité de digérer le lait au-delà de cet âge. Cette particularité n'apportait aucun bénéfice particulier aux humains de ces époques reculées, c'est-à-dire ne leur permettait pas de faire face plus efficacement à leur environnement. Liée à des mutations fortuites, elle passait alors inaperçue et ne pouvait se répandre qu'aléatoirement. Les choses ont changé au moment où elle est devenue utile à la survie en permettant une meilleure adaptation à l'environnement. Cette persistance de la lactase aurait commencé à toucher une fraction significative de la population il y a environ 7 500 ans en Europe centrale. Il est probable que cette évolution a fait suite à une raréfaction des ressources, qui a favorisé la consommation de lait d'origine animale. Le développement des premières exploitations agricoles, ainsi que la domestication puis l'élevage d'herbivores avaient déjà rendu cet aliment accessible. Un stress environnemental aurait conditionné la survie de certains humains à leur accès à une ressource particulière. Dans les régions du monde où cela représentait un avantage, ceux qui avaient la capacité de métaboliser le lait auraient ainsi eu plus de chance de survivre et de pouvoir se reproduire (voir la figure 6).

Figure 6. Répartition géographique de la persistance de lactase

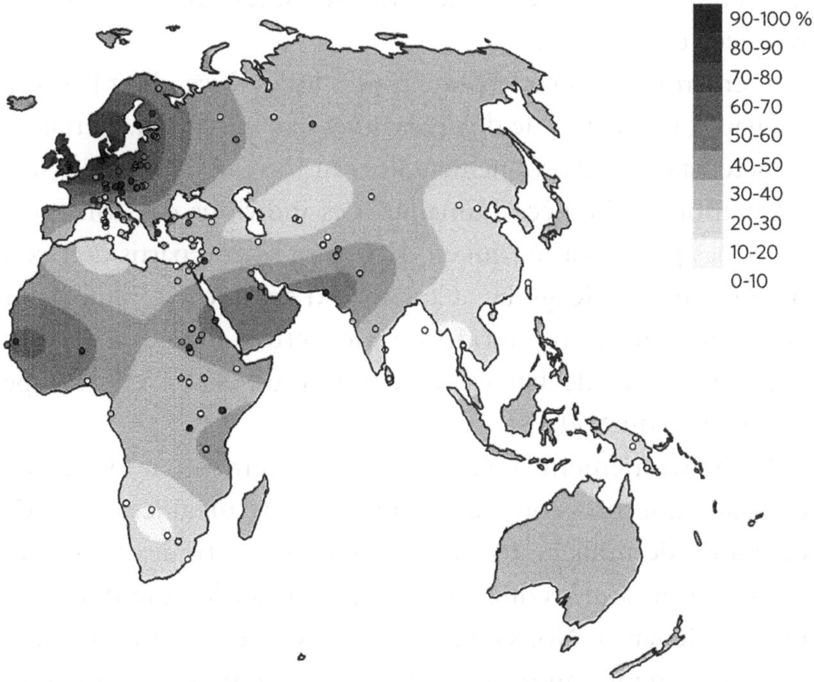

D'après Gerbault P. *et al.*, « Evolution of lactase persistence : An example of human niche construction », *Philos. Trans. R. Soc. Lond. B. Biol. Sci.*, 2011, 366 (1566), p. 863-877.

D'autres phénomènes d'adaptation récents ont permis l'expansion de populations autrefois contraintes par l'environnement. Le paludisme, qui existe depuis environ 100 000 ans, aurait exercé, il y a 5 000 à 10 000 ans, une pression de sélection en faveur de globules rouges moins vulnérables à l'infection, mais présentant une anomalie morphologique. Les populations porteuses de la drépanocytose se sont notamment développées dans certaines régions africaines lorsqu'elles présentent en double la copie du gène codant pour le variant morphologique cité plus haut. Une autre adaptation, encore plus récente (datant d'il y a environ 2 750 ans), a permis aux Tibétains de survivre à une altitude élevée, dans des zones raréfiées en oxygène.

L'environnement a façonné toutes les espèces, dont l'espèce humaine, et il continue de déterminer leur évolution. Certaines caractéristiques environnementales ont récemment favorisé une adaptation de l'espèce humaine. Les individus qui sont porteurs des particularités qui en découlent sont répartis de façon hétérogène sur le globe. Certaines d'entre elles influencent concrètement notre mode de vie actuel. Par exemple, la consommation de lait est cinq fois plus élevée en Europe qu'en Asie du Sud-Est.

L'environnement a façonné l'être humain moderne en exerçant une pression sur lui au cours de dizaines, voire de centaines de milliers d'années. Les caractéristiques humaines ne se sont modifiées que de manière marginale durant les derniers millénaires. Nous en avons vu quelques illustrations. Les environnements qu'occupaient antérieurement les humains, lors des longues périodes au cours desquelles ils ont évolué, étaient essentiellement constitués de forêts, de savanes, parfois de steppes, de déserts ou d'îles isolées, mais sûrement pas de gratte-ciel et d'écrans. Au moment où les caractéristiques qui nous définissent actuellement ont été sélectionnées, l'aspect de notre environnement différait complètement de celui auquel nos civilisations modernes nous confrontent aujourd'hui. L'environnement qui caractérisait la période qui a précédé le néolithique, celui-ci ayant débuté il y a approximativement 10 000 ans, avec l'émergence de l'agriculture qui a entraîné un bouleversement total de l'organisation de nos systèmes de subsistance sur lesquels reposent nos sociétés modernes, est probablement celui auquel nous sommes le plus adaptés dans une perspective évolutionniste. La période durant laquelle l'humain actuel a été façonné est celle des chasseurs-cueilleurs qui nous ont précédés et non celle des couloirs des métros de nos grandes villes et de nos univers sociaux dématérialisés. L'évolution n'a pas pu nous préparer à un environnement en partie virtuel. Il est difficile de dire que nous sommes d'emblée adaptés à nos smartphones (le risque d'addiction évoqué plus haut indique plutôt que non, ou du moins que nous ne le sommes pas complètement), à nos télévisions et aux divers véhicules auxquels nous sommes susceptibles de recourir pour nous déplacer. L'évolution intervient sur une tout autre échelle que les dernières décennies qui ont permis ces évolutions technologiques. C'est probablement en partie pour cette raison que nous avons besoin de conserver un lien avec un environnement proche de celui qui nous (du moins nos ancêtres chasseurs-cueilleurs) a façonnés, donc un lien avec la nature.

CHAPITRE 7

Notre affinité avec la nature

Quel est l'environnement naturel de l'être humain ?

Tout au long des étapes de notre évolution, notre survie a été conditionnée par notre environnement naturel. Les ressources animales et végétales fournies par la nature ont constitué, et constituent toujours, la base de notre alimentation. Certains agencements naturels ont joué le rôle d'abri et nous ont protégés des prédateurs et des aléas climatiques.

Qui ne s'est pas abrité sous un arbre pour éviter la pluie ? Les arbres se montrent également utiles à nombre d'enfants qui jouent à cache-cache et veulent se faire discrets en se dissimulant derrière leur tronc. De tels comportements ont une utilité en ce qu'ils constituent un entraînement par rapport à des situations où il serait nécessaire de se protéger d'un prédateur. Imaginons un paysage dans lequel aucun refuge ne permet de se cacher, dans lequel il n'existe aucun arbre. À n'importe quel moment un animal sauvage pourrait y surgir sans possibilité de lui échapper. La seule manière d'y arriver serait de courir plus vite que lui ! Dans cette perspective, il serait pertinent de préparer son organisme à fuir à tout moment. Pour ce faire, il faudrait que ses muscles, sa respiration, son activité cardiaque s'adaptent très rapidement à la situation. Il est probable que nos émotions nous permettent de donner l'alerte au sein de ce type d'environnement. L'évolution les a rendues efficaces, au prix d'un rôle central accordé à la peur pour sa fonction de signalement d'un danger…

Les considérations que nous venons d'exposer expliquent, au moins partiellement, l'agoraphobie. Cette phobie, qui touche quelques pourcents de la population, se manifeste dans des environnements complètement dégagés, dénués de possibilités de s'abriter. Le tableau ci-dessous met en évidence les différentes manifestations de ce type de phobies, dont la principale est l'anxiété déclenchée par les grands espaces ouverts, et il illustre la manière dont l'environnement est intégré dans le tableau clinique.

Tableau. Caractéristiques de l'agoraphobie

Définition	Littéralement l'agoraphobie est la peur des espaces publics ; en pratique elle se distingue par la crainte insurmontable des lieux où il ne serait pas possible d'être secouru rapidement, dont il ne serait pas possible de fuir.
Principales peurs	• Peur des espaces vides (places, esplanades). • Peur des espaces envahis par la foule (magasins, lieux publics).

Peurs fréquemment associées	• Claustrophobie : peur des espaces fermés (ascenseur, tunnel, cinéma). • Peur des moyens de transport (métro, train, bus, avion).
Principales manifestations	• Évitement des espaces publics et des espaces clos. • Attaque de panique en cas d'exposition à l'une des situations redoutées. • Recours à des objets contraphobiques.

Les autres phobies, dont la peur des serpents et celle des araignées, répondent aussi à des contraintes imposées par l'environnement dans lequel vivaient nos ancêtres.

En tant qu'être humain nous sommes le produit d'une évolution qui s'est adaptée à des environnements naturels divers. Notre besoin de lien avec la nature entre en tension avec notre mode de vie qui nous immerge plutôt dans des milieux artificiels. Ceux-ci ont d'abord été urbains avant de devenir de plus en plus virtuels. Nous sommes de plus en plus incités à recourir à des écrans au risque de développer une dépendance. À l'inverse, en tant qu'humains dont les besoins se sont peu à peu adaptés au milieu urbain, nous avons développé une appréhension des risques liés aux environnements naturels sans pouvoir les moduler par une exposition répétée. En d'autres termes, notre mode de vie urbain nous a progressivement éloignés de la nature. Prenons pour exemple la peur du loup, que l'on imagine tapi dans l'ombre au cœur d'une sombre forêt ; en réalité les probabilités de le rencontrer au cours d'une randonnée sont infimes. Pour autant cette peur, comme d'autres, peut créer une tendance chez certains à considérer de prime abord les environnements urbains comme moins dangereux.

Cette situation résulte d'une rupture progressive qui s'est accélérée au moment de l'industrialisation de notre société. Sommes-nous parvenus à un point de rupture ? S'il ne faut retenir qu'un point positif de la pandémie et du confinement, c'est la prise de conscience que notre mode de vie est inadapté et nous expose à des risques dont celui de sombrer dans une dépendance aux écrans. Ces écueils ne représentent-ils pas une invitation à revoir notre mode de vie ?

Hypothèse de la savane

Il est patent que l'être humain, nous, se sent mieux dans des environnements qui lui permettent de se protéger des menaces, dont celle que fait courir la présence de prédateurs. Se protéger de ces derniers, tout en surveillant leur arrivée, a permis à nos ancêtres d'augmenter leurs chances de survie. Une théorie nommée *hypothèse de la savane* postule qu'une grande partie de nos caractéristiques sont particulièrement ajustées à cet écosystème. Cette hypothèse est à nuancer, car nos ancêtres n'ont pas évolué dans un seul mais dans plusieurs types d'écosystèmes, dont ceux des forêts et des déserts.

Certaines phobies en découlent probablement. Parmi elles on peut s'interroger sur l'utilité de l'*acrophobie*, ou peur des hauteurs, et se demander de quelle confrontation elle résulte. On imagine facilement qu'avoir peur des hauteurs peut prévenir l'exposition malheureuse à des falaises ou à d'autres environnements entraînant un risque de chute et de décès. Les acrophobes ont dans ce contexte maximisé leur chance de survie et ont pu transmettre leurs gènes après avoir évité de mourir d'une chute.

Environnement de l'adaptation évolutive

Les conditions qui ont déterminé nos caractéristiques actuelles peuvent être modélisées sous la forme d'un environnement moyen composite, appelé « environnement de l'adaptation évolutive » ou *Environment of Evolutionary Adaptedness* (EEA). Notre développement s'étant essentiellement accompli en Afrique, l'environnement qu'on peut considérer comme ayant été responsable de la sélection qui a contribué à l'évolution de notre espèce correspond aux écosystèmes naturels de ce continent. Il faut donc les analyser pour comprendre ce que nous sommes.

Or les écosystèmes africains ont évolué au fil des quelques millions d'années de la période concernée. Notre cerveau en porte différentes aptitudes, dont la capacité de ressentir des émotions et celle de traiter les informations que nous avons à l'esprit ou qui émanent de l'environnement et sont saisies par nos organes des sens. Nos capacités cognitives, dont l'attention et la mémoire de l'espace, et nos particularités visuelles, olfactives et auditives ont été déterminées par notre histoire évolutive. Elles nous ont permis de faire face à l'environnement dans lequel nous avons évolué, c'est-à-dire les écosystèmes naturels de l'EEA. Nos ancêtres ont préféré les environnements favorables à leur survie, c'est-à-dire ceux qui leur ont permis de se sentir assez en sécurité face aux prédateurs et qui leur ont fourni des ressources suffisamment abondantes.

Prendre soin de sa sécurité et accéder à des ressources sont des stratégies qui confèrent un avantage très important en termes de chance de survie. Les environnements dans lesquels nos ancêtres ont vécu ont promu les caractéristiques physiques et comportementales qui garantissaient leur sécurité. Un monde hostile où les ressources n'étaient pas abondantes a favorisé des capacités permettant de mieux les repérer. La présence de prédateurs faisant courir un danger élevé a favorisé la capacité à trouver un abri. Ceux qui n'avaient pas ces aptitudes ont été désavantagés en termes de survie et de descendance. À l'inverse, ceux qui les avaient ont pu se multiplier, ce qui a contribué à rendre ces caractéristiques prédominantes. La question des prédateurs est de nos jours, et probablement depuis plusieurs siècles, bien plus complexe. En effet, s'il est possible dans certaines conditions d'être la cible d'un animal qui pourrait nous attaquer (dans le cadre d'un séjour dans une réserve sauvage par exemple), dans la plupart des cas la menace provient le plus souvent d'individus de notre propre espèce. Cette menace peut être physique directe (agressions pouvant aller jusqu'au meurtre) ou plus indirecte avec un risque de se voir capter nos ressources ou ce qui contribue plus largement à notre prospérité ou sécurité (vols, intimidations, exclusion sociale, etc.). Si elle est certes plus complexe, on peut tout de même admettre que la notion de menace et d'abri (ou lieu ressource) persiste de nos jours.

Les œuvres de fiction illustrent aussi l'adéquation entre une espèce issue de l'évolution et son environnement. Dans le tome 1, *Démons invisibles*, des *Émissaires de la mort* d'Adam-Troy Castro, les Catarkhiens constituent une paisible espèce herbivore et grégaire vivant sur une planète où ils n'ont absolument aucun prédateur, n'affrontent aucun danger et trouvent de la nourriture en abondance. Ils n'ont donc jamais eu à se protéger. Leur corps n'ayant pas eu besoin de recourir à la fuite n'est devenu apte qu'à se déplacer très lentement et ils ne sont donc pas en mesure de ressentir la peur, ni même la douleur.

La composition des paysages préhistoriques a fortement pesé sur la survie de nos ancêtres, notamment la végétation. Outre le fait qu'elle leur fournissait des ressources alimentaires, elle jouait aussi le rôle d'abri potentiel et d'indicateur de la présence d'eau. Notre cerveau a intégré qu'il était adapté de vivre dans la verdure, dans la mesure où les environnements verts étaient perçus comme bénéfiques. Ceux qui s'y sentaient bien y restaient ! Les milieux conjuguant sécurité et ressources augmentaient les chances de survie de leurs occupants. Leur descendance pouvait survivre et, au passage, hériter des préférences de leurs ancêtres.

La biophilie : notre indéfectible attrait pour le vivant

Le fait que nos ancêtres appréciaient les environnements verts et s'y attardaient leur a conféré un avantage puisque ce type de milieu s'est avéré favorable à leur survie. Du point de vue de l'évolution, notre psychologie et notre fonctionnement actuels restent adaptés à ces environnements ancestraux. L'hypothèse d'une *biophilie* (provenant étymologiquement du grec βίος – *Bios* – la vie, et φίλος – *Philos* – aimer) a été popularisée par Edward O. Wilson en 1984. Elle postule que chaque être humain est attiré par tout ce qui est vivant et, de ce fait, cherche à se rapprocher de la nature ou plus précisément des différentes formes de vie qu'elle abrite.

Les théories concernant les liens entre l'homme et la nature qui ont précédé celle de Wilson considéraient le fait d'apprécier la végétation comme la conséquence d'un apprentissage de l'individu au cours de sa vie. Cette vision dite « ontogénétique » est centrée sur le développement d'un individu donné, depuis sa conception jusqu'à l'âge adulte. Wilson a considéré la biophilie comme résultant de notre évolution dans le cadre d'une vision *phylogénétique*, c'est-à-dire s'inscrivant dans la perspective de l'évolution des espèces. Il l'a définie comme une « tendance innée à se concentrer sur la vie et les formes de vie et, dans certains cas, à s'affilier à elles émotionnellement ». La biophilie comporterait une dimension émotionnelle et une dimension cognitive qui s'exprimeraient respectivement sous la forme d'une *fascination* et d'une *affiliation*.

Fascination et affiliation

La *fascination* découle de la capacité de la nature à capter notre attention. Cette attention ne coûte aucun effort. Elle émane directement des différentes caractéristiques de l'environnement auquel nous sommes confrontés. Qui d'entre nous n'a pas été absorbé par le bruit d'un cours d'eau, le chant d'un oiseau, le bruissement des feuilles sous l'effet du vent ou le bruit des vagues ? Ces manifestations vont spontanément attirer notre attention, qui va se focaliser sur elles. Il en résulte en général un sentiment positif : la nature nous fascine. Certains d'entre nous peuvent s'asseoir face à elle et passer des heures à l'observer avec le plus grand plaisir.

L'*affiliation* a trait à nos origines et renvoie à ce titre à notre sentiment d'appartenir à la nature et à notre capacité d'établir un lien émotionnel avec ses autres composantes. Ce lien avec la nature, qu'elle soit végétale ou animale, relève des mêmes capacités d'empathie que celles qui nous permettent d'interagir avec nos congénères. Or, depuis le néolithique, et *a fortiori* dans le monde moderne, cette nature a été domestiquée. Cela ne nous empêche pas d'établir des liens affectifs forts avec nos animaux de compagnie, voire avec les plantes dont nous prenons soin dans nos logements et dans nos bureaux ! Ces liens concernent aussi la nature restée sauvage, ou simplement remodelée par l'homme, à l'instar des plaines, de la mer ou des forêts. Les observer ou les parcourir procure sans doute à certains d'entre nous le sentiment de faire partie d'un tout.

Fascination et *affiliation* constituent les deux facettes du même phénomène biophilique. À ce titre, elles sont très intriquées. S'arrêter devant un paysage, écouter, regarder, voir le ciel se couvrir d'étoiles et avoir le sentiment d'en faire partie : quoi de plus familier que cette situation ?

Dans une perspective évolutionniste, être *fasciné* et se sentir *affilié* à la nature sont des traits psychologiques conférant un avantage aux individus qui les possèdent en leur permettant de s'y attarder, d'en tirer des bénéfices, non seulement alimentaires mais aussi en termes d'abris favorisant la survie. Ces deux aspects de la *biophilie* seraient en partie responsables des effets de la nature sur la santé mentale qui seront détaillés plus loin (voir les chapitres 10 et 11). On peut penser que, de nos jours, la fonction de ces traits s'est un peu éloignée du but premier qui relevait de la sécurité. En effet nos ressources et nos abris ou lieux ressources ne se situent pas nécessairement dans la nature, ils peuvent se trouver dans la ville, être représentés par certains espaces urbains, des marchés, magasins, etc. Mais l'évolution étant un processus long, on peut aisément comprendre qu'ils ont persisté en direction de la nature où nous avons évolué.

Ce lien avec une nature plus ou moins domestiquée est ancré dans notre histoire évolutive et possède donc une *phylogénie*. Il se développe également de manière plus ou moins marquée chez chacun d'entre nous au cours de notre vie, et ce, en fonction de notre trajectoire et de notre éducation. Cela caractérise le développement *ontogénétique* de notre lien avec la nature. Ces deux aspects (*onto- et phylogénétique*) ne sont pas dissociables. Si nos aptitudes ne pouvaient pas se modeler, nous serions peu adaptables et, du point de vue de la *biophilie*, nous ne serions compatibles qu'avec un nombre d'environnements très limités. La manière dont on traite et dont on perçoit la nature à l'âge adulte dépend de la manière dont on y a été exposé dans l'enfance. Plus un enfant la fréquente, y pratique des activités, y a accès librement, peut y évoluer, jouer, plus il aura la possibilité de le rechercher, de s'en saisir lorsqu'il sera devenu adulte.

Nancy M. Wells a publié en 2006 les résultats d'une vaste enquête réalisée dans différents États américains. Avec ses collaborateurs, elle a interrogé plus de 2 000 adultes sur leur sensibilité environnementale. Les questions qui ont été posées portaient sur la fréquence et sur le type de contacts qu'ils avaient eus avec la nature durant leur enfance puis à l'âge adulte. L'étude a mis en évidence que les contacts précoces, en particulier avec la nature sauvage dans le cadre d'activités telles que les promenades, les randonnées, le camping, mais aussi la pêche, la chasse et la cueillette, favorisent les attitudes proenvironnementales ultérieures. D'autres travaux ont montré que les enfants apprécient spontanément les environnements naturels davantage que les environnements artificiels. Lorsque cette disposition de base est peu sollicitée, elle a tendance à s'atténuer. Lorsque au contraire elle est stimulée, elle se développe. Elle permet un meilleur ajustement aux environnements rencontrés dans l'enfance, qui sont aussi ceux que les adultes continuent à fréquenter. Les théories psychologiques modernes s'accordent sur l'importance de cette rencontre entre des prédispositions et les liens que les personnes vont établir avec leur environnement du fait de leur histoire propre, les seconds conduisant les premières à s'exprimer de manière plus ou moins marquée.

CHAPITRE 8

Les sociétés humaines et la nature

L'anthropocène

Notre rapport à la nature s'est modifié à partir du néolithique. Même si un changement s'est amorcé avant même cette période, la rupture en termes d'impact sur les écosystèmes pourrait coïncider avec le passage du détroit de Béring il y a un peu plus de 12 000 ans, qui a permis à nos ancêtres *Sapiens* d'entreprendre une colonisation systématique du sol américain. Certes il semble que quelques-uns d'entre eux aient précédé cette transhumance, mais il s'agissait de simples incursions dans l'ouest du continent nord-américain, plutôt que d'une colonisation aboutissant à la constitution d'une population stable. Ces traces plus anciennes de *Sapiens* sur ce continent remontent à 23 000 ans. Elles ont été mises en évidence par l'équipe du paléoanthropologue français Jean-Jacques Hublin.

Le concept d'*anthropocène* a été développé à la fin du XXe siècle. Il désigne l'ère de l'humain, c'est-à-dire la période durant laquelle l'homme est devenu le principal acteur du changement à la surface de notre planète, en particulier en termes d'impact sur les écosystèmes. Cette influence ne remonte pas à l'apparition d'*Homo sapiens* qui, rappelons-le, date de 300 000 ans. Notre espèce a façonné et recomposé la nature plus récemment. Si le moment précis où elle a commencé à exercer cette action reste soumis à controverse, il est certain que, depuis le néolithique, celle-ci a connu une intensification croissante qui a suivi une dynamique exponentielle. En effet, après les premières expériences de production végétale sous la forme d'agriculture, mais également de production animale sous la forme d'élevage, ces deux modalités d'exploitation du vivant se sont organisées, spécialisées et amplifiées, portées par des innovations technologiques au sein de différents groupes humains répartis sur le globe. Ces modes de production, pour être optimisés, ont nécessité l'installation de groupes humains sur des lieux fixes, processus dénommé sédentarisation. Aussi, la maîtrise et la recomposition active de la nature, qui commencèrent au néolithique, ont connu une accélération récente à partir du début de l'industrialisation de nos sociétés, au XIXe siècle. En parallèle, une intensification des outils de redistribution des ressources produites s'est opérée. Le développement des technologies numériques et des écrans a poussé à son paroxysme la maîtrise de notre environnement. En effet, nous pouvons maintenant nous contenter de cliquer sur un écran tactile pour obtenir en peu de temps un plat chaud sur le pas de notre porte. Il faut se représenter que ce service est le fruit de millénaires de transformations à toutes les étapes de la production et de la distribution en suivant le processus décrit dans ce paragraphe.

Les prémices de l'influence écrasante que nous avons progressivement exercée sur notre environnement en tant qu'humain moderne sont antérieures au néolithique. Elles datent du paléolithique et ont accompagné *Sapiens* pendant toute l'extension de son aire d'occupation. En s'appropriant de plus en plus de place à la surface de la planète et en intensifiant ses activités de chasse et de cueillette, l'homme a favorisé l'extinction de la mégafaune des anciens et nouveaux mondes – qui comprenait entre autres les mammouths, les castors géants, les tigres à dents de sabre et les wombats géants. Ne nous jetons pas la pierre : cette responsabilité est partagée avec d'autres facteurs, notamment climatiques.

Les ressources se sont faites de plus en plus rares, ce qui a conduit à un bouleversement de l'organisation de la société humaine. De chasseur-cueilleur, l'homme a dû devenir sédentaire, agriculteur et éleveur pour accéder aux ressources qui lui étaient indispensables. Cet avènement du pastoralisme et de l'agriculture marque le début de la grande révolution néolithique. Progressivement l'homme s'est émancipé de ce que la nature lui offrait spontanément lors de ses activités de cueillette et de chasse pour rassembler et produire ce qui lui était nécessaire dans des espaces organisés. Il a constitué des troupeaux et cultivé des champs. Il lui a fallu fertiliser ces zones, capter l'eau, structurer et ordonner les territoires.

La révolution agricole et son impact sur l'évolution

La révolution agricole a pris son essor dans plusieurs régions de la planète à des moments distincts. Les premières manifestations de la sédentarisation sont apparues en Mésopotamie, dans la région dite du Croissant fertile. Puisque la nature n'était plus une ressource à laquelle l'homme devait s'adapter de façon unidirectionnelle, l'adaptation est devenue réciproque. Ce fut le début du phénomène de *domestication.*

Quel changement majeur est alors intervenu ? L'homme a commencé à exercer une pression de sélection sur certaines espèces, à l'instar de l'action que l'environnement exerce sur lui à travers le processus de sélection naturelle. Cette contrainte environnementale a pesé sur certaines espèces, favorisant leur survie au détriment d'autres, qui ont disparu par la suite. La flore et la faune sauvages ont évolué. Les espèces de blé et de riz sauvages ont progressivement été sélectionnées dans leur habitat d'origine, puis transplantées à d'autres endroits. Des espèces végétales plus résistantes se sont multipliées et ont diffusé dans des aires d'expansion ne correspondant pas nécessairement à leur environnement ; elles ont voyagé selon le bon vouloir et la recherche de rendement de l'*Homo sapiens.* Des espèces nouvelles ont également émergé. Dans le domaine végétal, l'aventure du maïs est emblématique de cette sélection induite par l'homme. Cette plante n'existait pas à l'état sauvage, mais elle représente le produit de l'évolution d'une graminée mexicaine, la téosinte.

La coévolution

De nombreuses espèces ont évolué en fonction des besoins des humains. Ce phénomène, appelé « coévolution », est particulièrement flagrant dans le domaine animal. Les loups sont devenus des chiens, les aurochs des vaches, les sangliers des cochons et les mouflons des moutons. Leur aspect et leur comportement se sont progressivement adaptés à nos besoins. Parmi les canidés qui l'entouraient, l'homme a favorisé ceux qui étaient le plus dociles. En les nourrissant et en favorisant leur reproduction, il leur a permis de transmettre leurs traits comportementaux à la génération suivante, jusqu'à l'apparition des races de chiens que nous connaissons.

À partir de ce moment-là, la nature n'a plus été aussi sauvage que lors des périodes précédentes ! Par comparaison avec la nature sauvage, cette nouvelle nature domestiquée était déjà ordonnancée et distribuée géographiquement par l'homme. La nature sauvage peut apparaître comme inhospitalière, voire hostile ou dangereuse, et susciter des sentiments contradictoires ; sa domestication a pu amplifier le trait biophilique. Domestiquer notre environnement peut augmenter notre attirance pour celui-ci. Peut-être seulement jusqu'à un effet seuil... que l'urbanisation nous fait franchir.

La manière dont l'homme subit l'influence de la nature a pris une tournure totalement nouvelle à partir du moment où la nature a été domestiquée, c'est-à-dire dès la période néolithique. Des fonctions qui avaient été façonnées par l'environnement sauvage ne se sont plus révélées optimales dans les contextes auxquels l'humain a été confronté ultérieurement. En termes concrets, la savane dans laquelle *Homo sapiens* s'est développé n'a pas préparé ses descendants à affronter les enjeux d'une vie sédentaire où l'agriculture et le commerce occupent la première place.

Quel impact peuvent avoir sur nous des environnements complexes tels que les milieux urbains dans lesquels la plupart d'entre nous vivent ? Recréer artificiellement un environnement paléolithique pour améliorer notre bien-être serait certes illusoire et probablement inefficace. En revanche, prendre en compte les besoins propres dont nous avons hérité de nos ancêtres pour améliorer nos modes de vie modernes et les facteurs auxquels nous sommes exposés est une démarche sensée.

Décalage entre besoins et mode de vie moderne : mismatch

Le décalage important entre le milieu dans lequel nos ancêtres ont évolué et le monde auquel nous sommes aujourd'hui exposés est susceptible d'expliquer certaines maladies dont la fréquence a explosé notamment dans les milieux urbains des sociétés ayant adopté le mode de vie occidental. Le *mismatch* désigne cette notion de décalage.

Le *mismatch* pourrait expliquer le surpoids, par exemple. La propension de nos ancêtres à s'orienter vers une nourriture riche leur a fourni un avantage lorsqu'ils devaient affronter des milieux pauvres en ressources. Elle favorisait alors leur survie. Dans le monde actuel caractérisé par l'abondance alimentaire, une telle caractéristique ne fait que favoriser les excès et nuire à la santé.

Dans l'exercice du métier de psychiatre, il est souvent frappant de constater que nombre de consultants manifestent une réponse de stress ou plus largement éprouvent des émotions négatives, alors que celles-ci n'apportent aucun bénéfice et, en tout cas, ne contribuent pas à optimiser leur survie ! Ce stress et ces émotions (et non leur objet) sont devenus en eux-mêmes le problème principal. Ainsi, le *mismatch* a été incriminé dans les troubles anxieux dont les phobies. Citons l'*arachnophobie* c'est-à-dire la peur des araignées, l'*acrophobie* c'est-à-dire la peur des hauteurs, l'*anxiété sociale* associée entre autres à la peur de perdre son statut social, ainsi que la *nosophobie* ou la peur d'être touché par une maladie.

Aux temps préhistoriques, la peur de certains animaux et la peur des hauteurs ont épargné aux humains des décès prématurés. Rester à l'écart du groupe pouvait signifier une perte totale d'accès aux ressources avec un risque majeur pour sa survie. Les maladies, en particulier les maladies infectieuses, étaient omniprésentes, s'en écarter était une condition essentielle pour survivre. Dans nos environnements modernes, les risques sont le plus souvent très limités ou ils ont été domestiqués. Ces différents motifs de peur retrouvent leur utilité dans certaines conditions.

Ainsi il est intéressant de questionner l'utilité de la peur qu'a entraînée le SARS-CoV-2. A-t-il été bénéfique d'avoir peur, individuellement et collectivement, en termes de survie ? La peur de grands dangers a-t-elle été réactivée au profit de la protection de notre espèce ? Difficile d'apporter une réponse tranchée, mais il n'est pas irrationnel de soulever la question. Au-delà de celle-ci, hormis quelques situations spécifiques, les environnements pour lesquels notre comportement a été façonné sont très éloignés du contexte moderne.

Sans considérer la crise écologique qu'elle entraîne, la raréfaction de l'accès aux espaces naturels consécutive à une urbanisation excessive a un impact certain sur notre santé. Les besoins engendrés par notre *biophilie* ne sont plus satisfaits. La réduction des occasions de s'exposer à la nature altère le bien-être mental et, plus largement, la santé physique. Les bénéfices de la nature sur notre santé sont très divers. Même si cet ouvrage porte principalement sur la santé mentale, il est important d'avoir à l'esprit que ces bénéfices jouent aussi sur notre santé dans sa globalité, en particulier sur sa dimension vasculaire.

Une étude des registres de mortalité en Angleterre a considéré les motifs de plus de 360 000 décès. Elle a révélé des écarts entre les populations qui vivent dans des milieux où la densité végétale est importante et celles qui vivent dans des milieux où celle-ci est peu importante. La mortalité, notamment pour des causes cardio-vasculaires, est certes plus élevée lorsque les revenus des personnes sont faibles, mais cette différence s'amenuise lorsque les personnes ont vécu à proximité de zones végétalisées. En somme, l'accès à la végétation pourrait réduire les inégalités de santé.

CHAPITRE 9

L'impact du mode de vie urbain sur notre lien à la nature

Paysages urbains : chercher la nature

Nos paysages urbains modernes sont incompatibles avec une exposition suffisante à un environnement naturel. Nos villes manquent d'arbres et d'espaces verts. Certains lecteurs se reconnaîtront dans la situation suivante. Des adultes accompagnés de jeunes enfants qui arpentent à pied une avenue encombrée de véhicules afin de rejoindre un petit espace vert, avec quelques jolis arbres, des moineaux, deux petits écureuils et une minuscule étendue d'eau. L'ambiance sonore est dominée par les vrombissements des moteurs et les klaxons, les deux-roues circulent entre les files de voitures, chaque instant passé fait craindre un accident… Puis, tout à coup, il faut arrêter l'un des enfants qui a ébauché un mouvement brusque, laissant penser qu'il allait traverser la chaussée ! Stress qui vient s'ajouter au stress sonore et visuel. Se rendre au petit parc verdoyant de l'autre côté de l'avenue où les voitures roulent très vite peut devenir une entreprise dangereuse ! Que le cours d'eau au fond du jardin de la maison de campagne de leur enfance leur paraît alors plaisant !

Accéder à un espace naturel ne fait pas partie du quotidien de certains d'entre nous. Il implique alors une planification, une disponibilité et souvent un coût financier. En milieu urbain, l'accès à la nature des plus jeunes dépend de leurs parents ou d'autres personnes qui les gardent, qu'il s'agisse d'un membre de leur famille, d'une assistante maternelle ou des professionnels exerçant dans la crèche qui les accueille. Emmener un enfant dans un espace vert peut s'avérer complexe et nécessiter le recours à un moyen de transport adéquat si la distance est importante. Certes, la plupart des milieux urbains disposent de parcs, mais parfois très fréquentés et peu végétalisés.

Accès à la nature : de vraies inégalités

Comme dans la plupart des pays occidentaux, en France l'accès à la nature fait l'objet de fortes inégalités. C'est un phénomène flagrant qu'a révélé la pandémie de SARS-CoV-2. Lors des premières semaines de confinement de 2020, les Français ne furent autorisés à se déplacer que dans un rayon d'un kilomètre autour de leur domicile, privant de fait un certain nombre d'entre eux de la nature. En se fondant sur des données de l'Institut Paris Région, la chercheuse Léa Tardieu a montré qu'un Parisien sur cent ne pouvait alors pas parvenir à un milieu naturel au sein de ce périmètre. En réduisant ce périmètre à 5 minutes de marche, soit environ 300 mètres de distance, la moitié d'entre eux n'y avait pas accès. Durant ces périodes, de telles contraintes ont conduit de nombreux

Parisiens a quitté cette ville au moment où cela était encore possible pour rejoindre une résidence de campagne et se prémunir ainsi d'une rupture avec les espaces naturels.

Lors des périodes de confinement, de nombreux citadins ne sont pas sortis du périmètre imposé. D'autres se sont montrés moins respectueux des contraintes du moment. Ils ont choisi de passer outre, au prix d'un coût parfois important, pouvant comprendre des trajets, une éventuelle location, l'entretien d'une résidence secondaire, voire des amendes en l'absence d'attestation de déplacement. Cette situation a révélé de façon quasiment expérimentale, et en tout cas exacerbée, ce que vivent déjà en dehors des périodes de crise de nombreux citadins dont le périmètre de déplacement est limité. En période normale, des limitations physiques ou socio-économiques réduisent considérablement les possibilités de déplacement de très nombreuses personnes. Dans les zones défavorisées, l'impact de la distance d'accès à la nature s'avère beaucoup plus grand que dans les zones favorisées.

L'inégalité d'accès à la nature est aggravée par les inégalités sociales. Alors que ce sont dans les espaces naturels que les enfants jouent avec leurs camarades, explorent, contemplent et satisfont ainsi leurs besoins biophiliques, dont ils profiteront tout au long de leur vie, certains enfants ne bénéficient d'aucune exposition spontanée. Tout contact avec la nature résulte pour eux d'un effort de planification dans le cadre par exemple de sorties scolaires ou de sorties le week-end avec leurs parents. Chacune de ces expériences nécessite un encadrement, une sécurisation et des ressources financières. Quoi qu'il en soit, malgré notre besoin irrépressible de nature, le lien à celle-ci doit être activé et soutenu beaucoup plus qu'il n'a pu l'être par le passé, et ce, particulièrement dans les environnements urbains. Nous l'avons vu au chapitre 4, cette limitation peut être considérablement accentuée par l'environnement numérique qui organise notre vie moderne et tend à restreindre nos déplacements. Aussi la pandémie que nous avons connue, intensifiant massivement cette limitation d'accès à la nature, nous a révélé de façon criante son caractère essentiel, probablement parce que nous n'étions plus cette fois dans un glissement progressif et consenti vers une limitation, mais dans une restriction imposée, qui s'est révélée insupportable pour certains.

Peut-on satisfaire nos besoins biophiliques en ville ?

La notion de *biophilie* décrit l'affinité des humains pour le vivant et la nature, mais elle ne s'applique pas seulement à eux. Les autres espèces vivantes sont concernées. Faire un détour par le règne animal permet de mieux comprendre les comportements humains. À l'instar de l'homme, les animaux sont adaptés à l'environnement dans lequel leur espèce a évolué. Les soigneurs des zoos le savent bien, il n'est pas possible de faire vivre un ours polaire dans une serre tropicale ; il serait fort perturbé qu'on l'y place et, outre l'aspect incongru de la chose que les visiteurs ne manqueraient pas de signaler, cela serait contraire à l'éthique puisque cela mettrait en danger la santé de cet animal. Depuis une vingtaine d'années, les efforts faits pour permettre aux animaux d'élargir leur répertoire comportemental et ainsi améliorer leur bien-être sont guidés par le concept d'« enrichissement ». Les mesures prises portent sur la recherche des aliments, sur la reproduction et sur le jeu en particulier. Les recommandations de bonnes pratiques concernant les « enrichissements environnementaux » des parcs zoologiques préconisent d'utiliser des matériaux naturels, dans une configuration la plus proche possible de ce que l'animal peut rencontrer dans son habitat d'origine. Il s'agit de simuler les stimuli sonores ou visuels auxquels il serait soumis s'il vivait en liberté, grâce à des dispositifs artificiels produisant des chants d'oiseaux ou des images de forêts. Les animaux en captivité soumis à de tels dispositifs, notamment les primates, manifestent des comportements d'intérêt.

L'environnement des animaux en captivité a été totalement transformé depuis les ménageries dépouillées du XVIIIe siècle. On les place actuellement dans des ambiances complexes, enrichies, relativement proches de l'habitat originel des espèces concernées. Quelles leçons peut-on en tirer pour les humains ? Il est certain que ce détour du côté des zoos nous amène à réfléchir à notre propre environnement. Les cages alignées de la ménagerie du Jardin des plantes lors de sa création n'ont-elles pas quelque chose à voir avec les hôtels capsules développés au Japon à la fin des années 1970 (voir la figure 7) ?

Sans aller jusqu'à une telle extrémité dans l'exiguïté qui ne peut qu'inquiéter, que dire de nos barres d'immeubles, des allées étroites des résidences urbaines ou des ascenseurs où l'on se croise en évitant le regard de l'autre, en regardant nos pieds ou nos écrans de smartphone. Certes, nous ne sommes pas contraints d'habiter nos logements, contrairement aux lions en cage… quoique pour différentes raisons les plus précaires d'entre nous n'ont parfois pas d'autre choix que d'occuper l'habitation qui a été mise à leur disposition. Au fond, n'aurions-nous pas non plus parfois besoin d'un enrichissement naturel ?

Figure 7. Cages d'une ménagerie et hôtel capsule

À gauche, le Jardin des plantes en 1902 ; à droite l'hôtel capsule à Osaka. (« Les artistes animaliers au Jardin des plantes », *L'Illustration*, 7 août 1902. Hôtel capsule à Osaka © Chris 73 Wikimédia Commons.)

Cette problématique n'a pas échappé aux tenants du concept de *biophilie*. Le concept de *design biophilique* a été développé en 2008 sous l'impulsion de Stephen Kellert, proche collaborateur d'Edward O. Wilson. Son cadre conceptuel ne cesse de s'affiner et d'influencer les compositions architecturales de bâtiments et d'intérieurs. Les architectures *biophiliques* ont pour objectif de créer des environnements plus apaisants où l'humain se sentirait davantage *connecté* et *affilié* à la nature. Elles visent l'amélioration du bien-être, du sommeil et, plus largement, de la santé mentale.

Ces architectures s'inspirent de la nature en s'appuyant sur des matériaux naturels, l'intégration et l'agencement particulier du végétal. Elles utilisent la lumière naturelle, les mouvements de l'eau, les formes. Antoni Gaudí pourrait en être considéré comme l'un des précurseurs. Dans le Barcelone du début du XXe siècle, il n'a cessé de promouvoir une architecture aux formes organiques inspirées des fonds marins, des troncs de palmiers ou de la canopée.

De nos jours, les concepteurs de locaux professionnels s'inspirent des concepts biophiliques pour dessiner des bureaux. L'amélioration du confort des employés est favorable à leur productivité. Plus largement, il est envisageable de développer des villes *biophiliques*. En promouvant une biodiversité urbaine, on permet à l'homme de se sentir plus proche de son écosystème d'origine. L'urbanisme moderne est influencé de façon plus ou moins consciente par de tels concepts. De nombreux architectes intègrent ce besoin humain essentiel d'être relié à la nature en utilisant des composants naturels. Ces constructions peuvent parfois prendre des formes impressionnantes. À titre d'exemple, l'architecte Stefano Boeri a dessiné les Nanjing Green Towers pour la ville chinoise de Nanjing. Il s'agit de milliers d'arbres, arbustes et plantes grimpantes disposées le long de hautes tours. Outre leur rôle de captation de CO_2, elles créent l'impression d'une véritable forêt en ville. Les Occidentaux sont plus familiers des « coulées vertes » et autres « voies vertes », qui transforment en lieux de promenade des grands boulevards ou d'anciennes voies ferrées desquelles le goudron ou le ballast a été supprimé pour laisser la place à des allées d'arbres et de la végétation, et où il est possible le plus souvent de se déplacer à pied ou à vélo. Un certain nombre d'agglomérations françaises – comme Paris, Lyon, Nice, Rennes ou Limoges – ont développé ce type d'aménagement. D'autres villes, traversées par des canaux, ont développé de véritables « jardins flottants », composés de fleurs ou de cultures sur l'eau. Dans les espaces intérieurs, ce mouvement pourra donner lieu à la création d'îlots verts dans des entreprises, de murs végétalisés, la présence marquée de matériaux en bois, des puits de lumière, des fenêtres donnant à voir les environnements naturels à proximité. Nous verrons un peu plus loin (p. 137) l'exemple du Royal Children's Hospital de Melbourne, conçu selon ces principes. Ces différents éléments d'architecture extérieure ou intérieure nous permettent d'exprimer notre lien à la nature (ou tendance biophilique) et visent à améliorer notre bien-être et notre santé mentale.

Les organisations urbaines et sociales peuvent laisser la nature prendre plus de place en leur sein de différentes manières. Tout d'abord les parents peuvent apprendre à leurs enfants à l'apprécier, à la connaître. On peut aussi y organiser des activités, la (re)découvrir, venir s'y ressourcer. Autant il est difficile de créer de nouveaux parcs urbains, autant en favoriser l'accès par la création de transports en commun est réalisable par toutes les municipalités. Les villes qui disposent d'un vaste parc en centre-ville ou à proximité sont plébiscitées. Que serait Vancouver sans le Stanley Park, New York sans Central Park, Vienne sans le Prater ou Munich sans l'Englischer Garten ? En France, les parcs les plus vastes sont plutôt situés à la périphérie des villes, à l'instar du bois de Boulogne et du bois de Vincennes. Au quotidien, la plupart des Parisiens doivent se contenter de parcs très agréables comme les Buttes-Chaumont, le parc Monceau ou le jardin du Luxembourg et les Lyonnais du parc de la Tête d'Or, certes un peu plus grand mais tout aussi surpeuplé aux beaux jours que les parcs parisiens. On voit là que, dans notre pays, favoriser l'accès des citadins à un paysage verdoyant ne peut pas seulement consister à créer de nouveaux modes de transport collectif ou à faire des campagnes de communication en faveur de la fréquentation des parcs existants. Il sera inévitable de revégétaliser nos agglomérations, à défaut de pouvoir permettre aux habitants de se transporter aisément vers l'extérieur.

En attendant la mise en œuvre d'une végétalisation de grande ampleur dans nos villes, chacun peut modifier son environnement immédiat en introduisant plus de végétation dans son propre habitat. L'ensemble de ces différents objectifs implique chacun d'entre nous en tant qu'individu et en tant que citoyen. Il serait nécessaire que nous bénéficiions d'un large soutien politique pour ce faire, aussi bien au niveau local que national.

CHAPITRE 10

La nature améliore notre santé mentale

La nature a une action positive sur notre santé et en particulier sur notre santé mentale. Ses effets se manifestent dans plusieurs domaines en prévenant aussi bien les maladies cardio-vasculaires que le surpoids, l'obésité, la dépression ou l'anxiété. L'impact positif de la nature sur notre santé a été mis en évidence grâce à des nombreuses études, ayant eu recours à méthodes très différentes. Elles se sont appuyées, comme nous allons le voir, aussi bien sur des enquêtes que sur des procédures expérimentales.

Quelle forme d'exposition à la nature nous est bénéfique ?

Un premier point à souligner est que l'effet de la nature sur la santé dépend du type et des caractéristiques de l'exposition elle-même. Cela paraît aussi évident que le rapport entre l'efficacité d'un médicament et la dose que l'on reçoit, et le fait que différents types de médicaments et différentes modalités d'administration entraînent des effets variés. Il est important d'avoir conscience de ces paramètres si l'on veut s'appuyer sur la nature pour améliorer notre santé mentale. Ainsi, les effets de la nature sur notre santé dépendent de la manière de s'y exposer. Parmi les caractéristiques de l'exposition jouant un rôle sur son efficacité, l'une des plus triviales, mais des plus importantes, est sa durée. En d'autres termes, pour obtenir un effet positif d'une exposition à la nature, il faut que la durée de celle-ci soit suffisante.

Cette notion peut sembler évidente, mais ce n'est que dans une période très récente qu'elle a pu être étudiée par un groupe de chercheurs anglais à travers une vaste enquête menée au Royaume-Uni. Selon les résultats de cette étude qui a porté sur un échantillon de plus de 20 000 personnes interrogées, il apparaît qu'un minimum de 2 heures d'exposition à la nature par semaine permet d'obtenir des bénéfices tant sur la santé physique que sur la santé mentale. Ces bénéfices ont été rapportés par les personnes à partir de questionnaires mesurant la perception de leur état. Notons également que jusqu'à environ 5 heures d'exposition ces bénéfices se sont avérés croissants, mais qu'ils plafonnaient au-delà. Cela signifie qu'à partir de 2 heures par semaine en milieu naturel nous avons la possibilité d'améliorer significativement notre bien-être, aussi bien physique que mental, et que nous pouvons également espérer des bénéfices plus importants en y passant plus de temps. Ce point est intéressant, car pouvoir y consacrer 2 heures par semaine peut nécessiter de modifier nos trajets, d'ajouter une pause « nature » à midi ou d'une balade en fin de journée. Des actions aussi simples ont certes un effet significatif, mais une balade plus longue le week-end, par exemple, permet d'accéder à des bienfaits encore plus importants.

Une autre étude réalisée au Royaume-Uni sur une population de près de 5 000 personnes a mis en évidence l'importance de paramètres d'exposition plus complexes et a permis de comprendre les déterminants de l'effet de la nature à un niveau de détail supérieur. En effet, ce sont les contacts hebdomadaires « intentionnels » avec la nature qui sont associés à la perception d'une meilleure santé, les contacts dits « accidentels », comme le fait qu'il y ait de la végétation dans l'environnement voisin, n'ayant pas un effet aussi important. De plus, pour qu'il y ait un impact sur le bien-être mental, il faut que les individus ressentent un sentiment de « connexion » à la nature ou, en d'autres termes, qu'ils aient le sentiment d'en faire partie.

Ce sentiment joue sur le bien-être en particulier dans sa dimension dite « eudémonique », c'est-à-dire liée à l'accomplissement de soi. Ainsi se sentir « connecté » à la nature et s'y exposer intentionnellement sont des éléments importants pour en tirer des bienfaits. Schématiquement, il existe une différence entre marcher rapidement le long d'une allée arborée, absorbé par le travail qui nous attend en prenant connaissance de nos rendez-vous à venir sur un smartphone, et choisir un chemin végétalisé parce qu'il nous plaît, prendre le temps de l'apprécier et de se mettre en harmonie avec celui-ci, même s'il s'agit d'un bref moment de marche.

Quelles caractéristiques de l'exposition à la nature sont favorables à notre santé mentale ? De récentes études à grande échelle ont ouvert des pistes intéressantes concernant la biodiversité et son impact sur notre état de santé, en particulier sur notre santé mentale. L'une d'elles réalisée en Allemagne a quantifié l'accès aux jardins et aux parcs de 30 000 participants, ainsi que la nature des espèces végétales et d'oiseaux implantées à proximité. Les paramètres sociodémographiques et économiques ont été pris en compte, ainsi que les données concernant la santé physique et mentale. Les résultats de cette étude ont montré que la santé mentale est meilleure lorsqu'on vit à proximité d'un parc, ce qui n'est certes pas surprenant, mais, fait intéressant, que la qualité de la santé mentale n'est pas liée au nombre de plantes ou d'oiseaux, mais plutôt à leur diversité.

La biodiversité joue donc un rôle déterminant. Une autre étude du même groupe de recherche, impliquant 26 000 personnes résidant dans vingt-six pays européens, s'est penchée sur l'impact de la diversité des espèces d'oiseaux, de mammifères et d'arbres sur la santé mentale. Dans cette étude, l'effet le plus important est encore dû à la variété des espèces d'oiseaux. Encore plus surprenant, la diversité des oiseaux a une influence plus importante que le revenu des foyers ! La biodiversité, au-delà de la simple question quantitative, semble être une donnée cruciale en termes de santé mentale. Une étude ultérieure a montré qu'entendre des chants d'oiseaux, plutôt que des bruits du trafic urbain, améliore la sérénité des passants en réduisant leur vécu d'anxiété ou de persécution. Une voie de recherche extrêmement prometteuse s'est ouverte avec ces travaux.

La nature, un médicament ?

Les effets de la nature sur la santé sont relativement complexes. Ils dépendent de plusieurs paramètres d'exposition. Cette complexité n'est pas encore très bien appréhendée. Pour maximiser ces effets, il va être important d'approfondir nos connaissances sur les caractéristiques qui les modulent. Cela impose de recourir aux méthodes adéquates, de même qu'on le ferait pour étudier les effets d'un médicament, pour reprendre l'analogie évoquée plus haut.

Pour comprendre les effets d'un médicament, on réalise une succession d'études qui, sans entrer dans le détail des méthodes, s'intéressent dans un premier temps à sa forme d'administration, puis à son absorption, à sa distribution dans l'organisme, à son action sur des récepteurs et à son élimination, etc. Pour la nature, il faudra progressivement appliquer une méthodologie similaire prenant en compte le type d'environnement, le type d'exposition et le type d'expérience subjective provoquée par l'interaction avec elle. Il conviendra également de déterminer selon quels mécanismes biologiques cognitifs et psychologiques la nature agit sur notre organisme.

De tels travaux, s'ils s'accumulent progressivement, sont encore peu nombreux et nous n'en avons extrait que les plus illustratifs. Après avoir abordé les modalités d'exposition à la nature, nous allons maintenant nous intéresser aux relations et interactions entre la nature et l'homme, afin de mieux comprendre leurs effets sur la santé mentale.

Par quels mécanismes la nature peut-elle agir sur notre santé mentale ? Comment s'exposer au monde végétal, que ce soit dans les jardins, les forêts, dans un contexte artificiel (maîtrisé) ou plus sauvage, peut-il avoir un impact sur le développement d'une bonne santé mentale et sur son maintien ? L'idée d'un impact positif de la nature sur la santé mentale fait consensus. À titre d'illustration dans un sondage réalisé en France en 2015 sur un échantillon de 1 006 personnes, 96 % d'entre elles la considéraient avant tout comme un lieu de bien-être et de ressourcement. Cependant, les mécanismes de cet impact ne sont pas intuitifs et sont généralement méconnus.

Nos liens avec la nature à la lumière de l'éthologie

Pour comprendre comment se façonne le rapport à la nature et comment, tout au long de notre vie, se construisent des interactions aux effets positifs, il est important de revenir à la notion de biophilie et de faire un détour du côté de l'éthologie. L'éthologie est un mouvement scientifique qui a émergé dans la seconde moitié du XXe siècle grâce à deux auteurs majeurs qui intervenaient dans le domaine des sciences du vivant, Nikolaas Tinbergen (1907-1988) et Konrad Lorenz (1903-1989). Ils ont aidé le monde scientifique à s'extraire de l'opposition entre les deux conceptions qui structuraient la pensée scientifique de l'époque, celle du « tout instinctif » et celle du « tout appris ». Ces propositions contradictoires se traduisent sous une forme proche dans le débat souvent stérile entre le « tout inné » et le « tout acquis », le « tout biologique » et le « tout social ».

Lorenz et Tinbergen nous ont aidés à sortir de l'impasse du tout inné ou du tout acquis en théorisant sur ce qu'ils ont appelé le « mécanisme inné de déclenchement ». Selon ces auteurs, on peut parler d'un mécanisme inné de déclenchement lorsqu'un comportement « potentiel », programmé par l'espèce, fait partie de son répertoire comportemental « possible », mais ne se déclenche qu'en présence d'un stimulus adéquat. Le stimulus adéquat en question est généralement une personne ou un animal. L'illustration la plus célèbre de ce mécanisme de déclenchement porte sur l'*attachement* et la *théorie de l'empreinte*, particulièrement développés par Konrad Lorenz. Ce dernier s'est appuyé sur des travaux qu'il a réalisés sur des choucas et des oies cendrées qu'il élevait dans le cadre de ses recherches. Il a été frappé par le fait que les oisons s'étaient systématiquement attachés à lui. Ils le suivaient partout, comme ils auraient suivi leur mère ! Lorenz a ensuite constaté que ce comportement était déclenché lorsque les oiseaux étaient exposés précocement à lui, pendant une période assez proche de l'éclosion de l'œuf ou de la sortie du nid. À un autre moment, cela ne fonctionnait pas. L'oison exposé à un individu durant cette période s'y attache et lui confère un rôle de « mère » qu'il suivra partout lorsqu'il sera devenu un oiseau. C'est ainsi que Lorenz a expliqué le lien qui se constituait entre lui et les oisons qu'il élevait.

C'est en partie sur ces observations que s'ancreront les travaux sur l'attachement, qui décrivent comment se forge la relation entre un individu et les personnes qui s'en occupent précocement (souvent les parents mais pas toujours, on parle de *caregivers* ou « donneurs de soins »). Cet attachement se forge particulièrement à une période de notre vie qui sera qualifiée de *période critique* du développement. De la même manière, il peut exister plusieurs *périodes critiques* pour le développement où différents types de mécanismes psychologiques peuvent se mettre en place si nous sommes exposés au stimulus adéquat.

Dans la même lignée, il pourrait y avoir une *période critique* où le lien avec la nature a de plus grandes facilités à se tisser. Ainsi, selon une étude réalisée en Australie et répliquée en Allemagne sur un total de 787 participants, l'exposition à la nature pendant l'enfance (avant l'âge de 18 ans) aurait un impact sur la santé mentale des adultes questionnés. Plus précisément, les adultes questionnés ayant été soumis à la nature de manière plus importante dans l'enfance avaient un meilleur bien-être à l'âge adulte, et cela particulièrement dans la mesure où ils continuaient à fréquenter la nature à l'âge adulte. Cette exposition aurait une influence positive sur le bien-être des individus. Le bien-être a été notamment mesuré avec l'échelle WEMWBS (*Warwick Edinburgh Mental Well-Being Scale*) avec laquelle nous avions montré, en mars 2020, une dégradation marquée de l'état mental des Français lors du confinement lié au SARS-CoV-2. Cet outil permet d'évaluer un état de bien-être qui recouvre le bonheur, la satisfaction dans sa vie (aspects dits « hédoniques »), mais aussi un fonctionnement psychosocial positif, de bonnes relations à autrui et un accomplissement de soi satisfaisant (aspects « eudémoniques »). Dans cette étude menée dans ces deux pays, les auteurs ont pu montrer que les participants qui avaient été plus exposés à la nature dans l'enfance avaient un meilleur bien-être tant sur le plan de la satisfaction que du sens social donné à l'existence. Plus intéressant encore, les auteurs se sont intéressés à l'exposition actuelle à la nature et ont pu conclure que son effet dans l'enfance sur le bien-être se traduit par une augmentation des connexions avec la nature dans le présent. En quelque sorte, avoir fréquenté tôt la nature permet ultérieurement d'en faire une ressource pour améliorer son bien-être. D'autres travaux ont confirmé l'impact de l'exposition à la nature dans l'enfance et la santé mentale (notamment dans le cadre de travaux réalisés dans plusieurs villes d'Europe). Les mécanismes de l'effet chez l'adulte restent encore à explorer en profondeur, mais il semblerait que l'exposition dans l'enfance influence notre manière d'interagir avec la nature à l'âge adulte et notre capacité à en tirer parti en tant que ressource pour notre santé mentale. Ces différents aspects peuvent avoir des implications en termes de prévention des pathologies psychiatriques.

Prévenir l'anxiété grâce à l'exposition à la végétation

En 2019, une étude danoise de grande ampleur a croisé trois sources de données objectives : des données satellitaires en haute définition sur la densité végétale de différentes régions du pays, le registre des données civiles individuelles des Danois et des données concernant leur santé psychiatrique. Ont été pris en compte la densité végétale du lieu de vie des individus, depuis leur naissance jusqu'à l'âge de 10 ans (en intégrant les déménagements), ainsi que les diagnostics psychiatriques éventuellement posés ultérieurement. Les troubles pris en considération comprenaient la dépression, les troubles bipolaires, la schizophrénie et les addictions. Il en résulte que les populations qui ont grandi dans des lieux peu végétalisés ont un risque d'avoir un trouble psychiatrique plus élevé de 55 % par rapport à celles qui ont grandi dans des lieux plus végétalisés.

Ces différents travaux sont très récents et leur interprétation doit encore être approfondie. Dans tous les cas, ils devraient nous inviter à accorder de l'importance à la place de la nature dans la vie de nos enfants, que ce soit sur le plan de la vie familiale ou scolaire, car nous avons des raisons de penser que ces expositions précoces favorisent le développement de facultés psychologiques particulières, qui permettent par la suite de tirer un meilleur parti de notre environnement.

L'influence du climat

Une étude canadienne a considéré quelles conditions environnementales étaient liées à près de 10 millions de consultations pour motif psychiatrique dans des services d'urgence de l'Ontario et de l'Alberta de mars 2004 à décembre 2020. Durant la période considérée, la température moyenne était de 5,95 °C. Elle est descendue jusqu'à – 34,85 °C et s'est élevée jusqu'à 31,61 °C. Les données environnementales ont été obtenues grâce au Canadian Urban Environmental Health Research Consortium (CANUE).

Les résultats de cette étude de grande ampleur montrent qu'être exposé à court terme à une chaleur extrême augmente le risque de se rendre dans un service d'urgence pour une raison psychiatrique, quelle que soit la nature des troubles (consommation de substances, troubles de personnalité, schizophrénie…). En revanche, le froid extrême ne produit pas de telles conséquences. L'effet de la chaleur est augmenté par l'exposition à la pollution (du moins au dioxyde d'azote, NO_2, et à l'ozone, O_3, mais pas aux particules fines, $PM_{2,5}$), à la réduction des contacts sociaux et par la précarité des conditions de vie. En revanche, il est réduit par l'exposition à la végétation. Une autre étude canadienne a montré que les très fortes chaleurs augmentent la mortalité des personnes ayant une schizophrénie. Favoriser l'exposition au végétal dans le contexte du réchauffement climatique constituerait une mesure de lutte contre de tels effets. Par ailleurs, développer des attitudes proenvironnementales, grâce à une exposition précoce des enfants, pourrait contribuer à créer un cercle vertueux.

CHAPITRE 11

Les effets de la nature sur notre cerveau et sur notre organisme

La nature nous apaise. Il nous arrive régulièrement de nous laisser fasciner par un panorama, un ciel, une rivière, une mer, une vallée, une montagne… Aussi trouvons-nous le plus souvent une forme de soulagement à la vue de ces paysages. Les expressions employées dans le langage courant à propos de la nature évoquent le plus souvent ce soulagement : on parle de se « mettre au vert » après une période chargée, ou de se « ressourcer ».

Comment la nature peut-elle favoriser un tel apaisement ? Comment l'immersion dans un lieu naturel ou la contemplation d'un paysage peut-elle procurer le sentiment de relaxation et de soulagement que nous retrouvons si souvent dans le langage commun ? C'est ce que nous allons tenter d'aborder au cours de ce chapitre.

Les effets que procure le simple fait de regarder un documentaire sur la nature

En 1991, Roger S. Ulrich a publié les résultats d'une étude dont les résultats ont bousculé les connaissances de l'époque sur les effets de la nature sur notre santé. Cette étude a ouvert la voie à de nombreux travaux sur le rôle de la nature dans notre résilience au stress.

L'étude d'Ulrich a consisté à faire regarder à 120 personnes un film stressant, suivi de vidéos montrant, selon le résultat d'un tirage au sort, soit des environnements naturels, soit des environnements urbains. Différentes mesures de stress ont été effectuées : des mesures subjectives, où chacun des spectateurs devait évaluer différents aspects de son état émotionnel et de son stress, ainsi que des mesures objectives dites « physiologiques », évaluant les conséquences du stress sur le corps. Parmi ces dernières figuraient l'enregistrement de la fréquence cardiaque, de la pression artérielle, de la conductance cutanée (c'est-à-dire la résistance électrique de la peau mesurée par des électrodes, traduisant de manière indirecte les effets du stress à travers son impact sur la sudation) et de la contraction des muscles frontaux.

Les films stressants projetés durant la première partie de l'étude mettaient en scène des accidents où des personnes se blessent gravement. Ces films étaient destinés à produire un important stress subjectif, avec pour conséquence objective une modification du rythme cardiaque, qui a d'abord ralenti (témoignant d'une attention à la scène) avant de s'accélérer.

La tension artérielle quant à elle a augmenté, la conductance cutanée a diminué témoignant d'un phénomène de sudation, banal dans la réaction au stress. À la suite de ces films stressants, la réaction des personnes a été différente selon qu'elles étaient exposées à des environnements naturels ou urbains. La récupération après avoir vu une vidéo d'environnement naturel a été plus rapide qu'après celle d'un environnement urbain. Les différents paramètres physiologiques mesurés (fréquence cardiaque, tension artérielle et conductance cutanée) sont revenus plus rapidement à un niveau correspondant à celui qui précédait la visualisation du film stressant. En d'autres termes, l'organisme se « restaure » plus rapidement lorsqu'il se trouve dans un milieu naturel.

Les mesures subjectives du niveau de stress lors de la seconde partie de l'expérience ont également été meilleures après exposition à un environnement naturel par comparaison à un environnement urbain. Les environnements naturels permettent donc bien de mieux se « rétablir » d'une situation stressante !

Récupération postchirurgicale en milieu naturel ou artificiel

Par ailleurs entre 1972 et 1981, Roger S. Ulrich a investigué d'une autre manière les effets de l'exposition à la nature, en s'appuyant sur son propre vécu d'enfant atteint d'une maladie rénale. Un pin aperçu depuis sa fenêtre de convalescent l'avait alors aidé à supporter l'ambiance sinistre des hôpitaux qu'il fréquentait.

S'appuyant sur sa propre expérience, Ulrich a élaboré une étude simple mais ingénieuse se déroulant dans un service de chirurgie. Il s'est intéressé aux personnes qui avaient subi une intervention sur la vésicule biliaire, opération qui représente un stress indéniable pour l'organisme. En sortant du bloc opératoire, les opérés étaient répartis dans des chambres dont la fenêtre donnait soit sur un mur de briques, soit sur un petit bouquet d'arbres.

Dans un article publié en 1984 dans la revue *Science*, Ulrich a comparé la récupération de 46 personnes opérées réparties en 2 groupes. Il a constaté que celles qui avaient été placées face à des arbres avaient mieux récupéré : leur séjour hospitalier avait été plus court, elles avaient pris moins d'antalgiques et les notes des infirmières étaient plus positives. Elles avaient également présenté moins de complications postchirurgicales. Ces résultats montrent un effet restauratif de la nature sur la santé.

Végétaliser l'architecture hospitalière

Jusqu'à sa retraite en 2019, Roger S. Ulrich a exercé des fonctions de professeur d'architecture dans des universités suédoises et danoises. Dans le cadre de son intérêt pour l'agencement des hôpitaux, il s'est consacré aux établissements psychiatriques, dont il a pu mettre en évidence l'impact de la conception sur la santé de ses usagers. Certains hôpitaux tels que le Royal Children's Hospital de Melbourne (voir figure 8) intègrent les principes de conception qu'il a décrits.

Figure 8. Le Royal Children's Hospital de Melbourne, un hôpital végétalisé

(© A.canvas.of.light. Wikimédia Commons.)

Ulrich a montré que, dans les services hospitaliers psychiatriques dont l'architecture est pensée autour de principes visant à réduire le stress, offrant la possibilité de regarder ou d'être en contact avec un élément végétal, le recours à la contrainte, y compris à la contention physique, était moindre ; on y réalisait moins d'injections sédatives que dans les services ne bénéficiant pas de ces principes d'organisation.

Les hôpitaux psychiatriques français disposent dans de nombreux cas de parcs végétalisés. Les résultats d'Ulrich devraient inciter à mieux exploiter ces espaces et à encourager les personnes hospitalisées à les fréquenter. L'architecture des bâtiments devrait être repensée de manière qu'ils soient plus ouverts sur la végétation. L'organisation des soins devrait également intégrer le principe que chaque patient doit pouvoir accéder aux espaces extérieurs autant que nécessaire.

Comment la nature apaise le système nerveux

D'après Ulrich, le phénomène de restauration observé dans les travaux qui viennent d'être décrits se déroule en plusieurs étapes. L'état émotionnel et physiologique de base de la personne se caractérise notamment par un certain niveau de stress, qu'on peut mesurer à travers l'expression des paramètres physiques que l'on a évoqués plus haut (p. 134-135). De façon générale, lorsqu'elle découvre son environnement (Ulrich s'est particulièrement intéressé aux caractéristiques visuelles de celui-ci), elle éprouve des émotions positives ou négatives. Selon son ressenti, la personne va évaluer positivement ou négativement cet environnement. Il va s'ensuivre des modifications du fonctionnement de son organisme, principalement en raison de l'activation d'un système appelé « système nerveux végétatif ». Son activation explique les modifications physiologiques décrites plus haut.

Le système nerveux végétatif régule, entre autres, la sudation, la fréquence cardiaque, la tension artérielle et la respiration. Selon Ulrich, une meilleure régulation du système nerveux végétatif est favorisée par l'exposition à un contexte végétal, ce qui inciterait à répéter l'expérience. Il pourrait ainsi se créer une sorte de cercle vertueux : à la suite d'un stress, l'observation de la nature réduit ce dernier ; cet effet conduit à maintenir le contact avec celle-ci et contribue à prolonger l'effet d'apaisement. Ce modèle est critiquable, du point de vue de la décomposition des différentes étapes du processus. Il n'a en effet pas été établi que l'évaluation positive d'un environnement précède la réaction de l'organisme. Les modèles actuels décrivant le fonctionnement émotionnel sont plus en faveur d'effets physiques et cognitifs survenant de façon simultanée. Quoi qu'il en soit, ces études montrent l'effet inspirant de la nature pour notre bien-être et plus largement notre santé.

Aujourd'hui, les effets de la nature sur le stress sont étudiés grâce à des dispositifs expérimentaux qui prennent en compte plus de paramètres. Afin que les résultats de ces expériences soient exploitables, il faut que l'environnement étudié soit parfaitement contrôlé. Or cela est impossible dans un milieu totalement naturel. En effet, comment, par exemple, déterminer précisément ce qui arrive à une personne qui se déplace dans une forêt ? Dans cette situation spécifique, de très nombreux paramètres interviennent : la température de l'air, le vent, l'humidité, le passage de certains animaux, le niveau d'ensoleillement ou encore la densité des arbres. Chacun d'entre eux peut potentiellement contribuer aux effets que la nature exerce sur la personne. Il n'est donc pas possible d'identifier précisément les effets d'un environnement aussi riche.

De ce fait, les dispositifs expérimentaux actuels s'appuient sur des environnements qui ont été reconstitués en intérieur. Certains d'entre eux recourent à la réalité virtuelle qui permet d'exposer les personnes à une situation réaliste dont l'ensemble des paramètres est contrôlé. Ce type d'expérience peut paraître artificiel, or il a permis d'identifier de manière précise les mécanismes de l'action d'un contexte naturel sur la physiologie du stress.

La variabilité de la fréquence cardiaque fait partie des paramètres physiologiques étudiés. Elle peut être mesurée à partir des résultats d'un électrocardiogramme (qui fournit la mesure la plus précise), mais aussi avec une ceinture cardiofréquencemètre ou une simple montre de sport. La variabilité de la fréquence cardiaque désigne l'irrégularité de l'intervalle entre les battements cardiaques. En pratique, une fréquence cardiaque de 60 par minutes ne signifie pas que deux battements successifs seront strictement espacés d'une seconde : certains le seront d'un peu moins d'une seconde et d'autres d'un peu plus. Or cette irrégularité est saine. À l'inverse, une réduction de cette variabilité, c'est-à-dire la tendance à avoir des intervalles entre les battements d'une durée invariable, a été associée à une élévation du risque cardio-vasculaire.

Des calculs complexes portant sur cette variabilité permettent d'appréhender finement l'activité du système nerveux végétatif. Ce système est en réalité composé de deux sous-systèmes dont les effets sont opposés : le système sympathique et le système parasympathique. Ensemble, ces deux sous-systèmes contrôlent l'activité d'un certain nombre d'organes et régulent les fonctions automatiques de notre organisme, comme la respiration, l'activité cardiaque, la tension artérielle et la sudation (voir figure 9). Schématiquement, le système sympathique en accélère le fonctionnement : il augmente la fréquence cardiaque, la ventilation et la tension artérielle. Ce système prépare l'organisme à faire face à une menace à laquelle il pourrait être exposé.

Figure 9. Le système nerveux végétatif

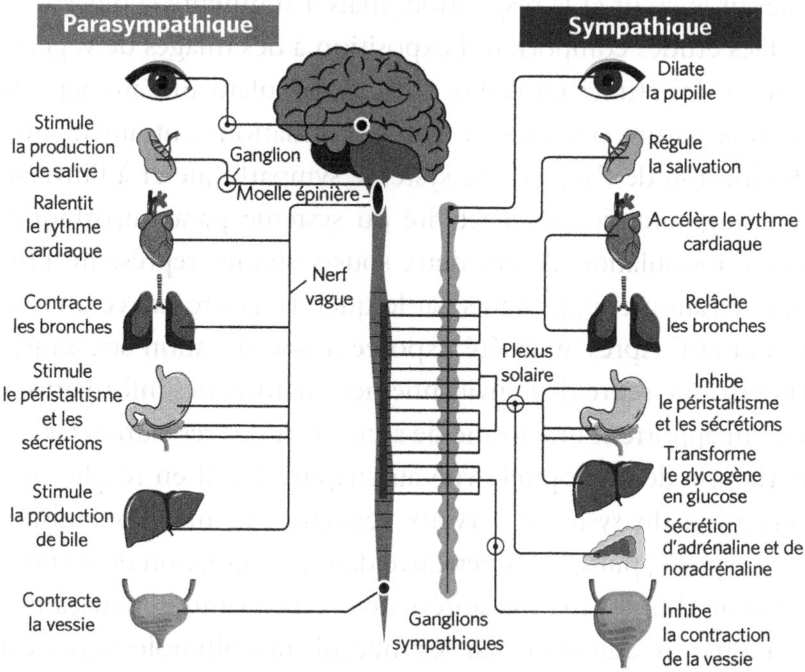

Dans un environnement qui pourrait correspondre à l'EEA (voir p. 95), face à un prédateur qui menace l'intégrité physique, il n'y a que peu de choix possibles : il faut fuir ou bien combattre. Ainsi, face au danger, l'organisme se prépare en donnant plus de possibilités à ses muscles. Il le fait en les oxygénant mieux grâce à une accélération du rythme cardiaque, à une contraction des vaisseaux périphériques qui entraîne une augmentation de la pression artérielle et à une accélération du rythme respiratoire. La digestion, en revanche, ralentit car elle peut être différée. La sudation augmente pour refroidir le corps qui risque de s'échauffer avec l'activité physique qui devrait survenir.

Alors que le système sympathique prépare au combat et à la fuite, le système parasympathique a un rôle opposé. Il agit en quelque sorte en miroir du système sympathique (figure 9). Il ralentit le cœur et la respiration, mais il augmente la digestion.

Des études comportant l'exposition à des images de végétation et des études en réalité virtuelle simulant une immersion dans la nature ont montré que ces situations entraînent une diminution de l'activité du système sympathique et à l'inverse une augmentation de l'activité du système parasympathique. Cette modulation de ces deux sous-systèmes représente l'un des mécanismes importants par lesquels la nature exerce un rôle restauratif. Après avoir été exposée à une situation stressante, la personne retire de l'environnement naturel des informations qui lui apportent une forme de sécurité et des ressources (selon la théorie de la biophilie vue au chapitre 7). Il en résulte une activation du système nerveux végétatif qui met l'organisme « au repos », puisqu'il se retrouve dans une situation de sécurité à l'issue d'une situation antérieure vécue comme menaçante.

La nature agit donc sur les mécanismes physiologiques du stress. Une partie de ses effets sur la santé mentale semble passer par la modulation de la biologie du stress. En revanche, il ne s'agit pas des seuls mécanismes concernés. En effet, la nature agit également sur le cerveau en favorisant une meilleure orientation de l'attention et une meilleure organisation de l'activité mentale. En d'autres termes, elle améliore les performances cognitives.

Comment la nature soigne l'esprit

Les effets de la nature sur les fonctions cognitives, qui découlent du fonctionnement du cerveau, ont été étudiés à partir des années 1970. Les premiers jalons ont été posés par Rachel et Stephen Kaplan dont les travaux ont porté sur l'*attention*. À cette époque, les Kaplan étaient missionnés par le service américain des forêts (US Forest Services) pour étudier les effets de la nature chez l'homme.

Ils ont développé leur théorie de la restauration de l'attention (*Attention restoration theory*) dans l'ouvrage *The Experience of Nature : A psychological perspective*, en montrant que les effets de la nature sur l'attention découlent de plusieurs caractéristiques. Pour commencer rappelons que les auteurs se sont appuyés sur des travaux antérieurs appartenant au champ des sciences cognitives. Ceux-ci divisent l'attention en deux grandes catégories : l'attention involontaire et l'attention volontaire. L'attention volontaire est dirigée vers un stimulus et un objectif précis. Ce stimulus est celui vers lequel la personne se concentre. L'attention volontaire est donc sous le contrôle de la personne qui choisit de se concentrer sur tel ou tel aspect de son environnement ou de ses pensées. L'attention involontaire, en revanche, est guidée par l'environnement ; elle échappe aux processus intentionnels. Elle est « captée » quand un stimulus revêt une certaine pertinence pour la personne, c'est-à-dire lorsqu'il possède pour elle ce que l'on appelle en psychologie cognitive une *salience* (terme qu'on aurait pu traduire par « saillance », mais l'usage fait que c'est le mot anglais qui est utilisé). Cette *salience* désigne ainsi la propension d'un stimulus à capter facilement notre attention involontaire. On peut utiliser l'expression « attention sans effort » pour évoquer l'attention involontaire.

Selon cette théorie, la personne ne se laisse pas simplement captiver par les stimuli de son environnement naturel, mais ceux-ci la soulagent d'une certaine fatigue. En effet, notre quotidien nous conduit régulièrement à porter de manière volontaire notre attention sur de nombreux stimuli. Selon les Kaplan, cela peut conduire à une fatigue attentionnelle ou fatigue mentale (*mental fatigue*). Cette fatigue résulte du fait que nous sommes en permanence en train d'évaluer et de trier des informations, activités très exigeantes et coûteuses, qui consomment une importante énergie mentale. L'exposition à la nature permet de lutter contre cet épuisement en permettant à notre attention involontaire de s'exercer et de prendre le pas sur notre attention volontaire. Cela participe à la restauration attentionnelle. En quelque sorte, laisser flotter notre attention en l'absence de tout contrôle volontaire et nous laisser capter par un environnement végétal permet de mettre notre attention volontaire au repos. La restauration attentionnelle permettra d'être volontairement plus attentif par la suite.

La restauration de l'attention n'a pas seulement été décrite d'un point de vue théorique, elle a aussi été démontrée par des travaux scientifiques. Plusieurs études ont mis en évidence les effets de la fréquentation de la nature sur la cognition, et ce, de différentes manières. Certaines d'entre elles ont eu recours à une exposition au sein de milieux naturels et d'autres à la représentation de milieux naturels en réalité virtuelle. Lorsque l'on considère les résultats de ces différentes études, il en ressort que l'exposition à la nature n'agit pas uniquement sur le contrôle de l'attention (nous permettant de choisir où nous dirigeons notre attention). Elle a également des effets sur la mémoire de travail (qui permet de mémoriser une information pendant une courte durée de manière à pouvoir l'utiliser de façon transitoire – par exemple retenir le numéro de téléphone que l'on vient d'entendre le temps de le saisir sur le clavier) et sur la flexibilité cognitive (qui permet de s'adapter en permanence à un contexte qui change). Ces différentes aptitudes sont indispensables pour faire face aux exigences du quotidien, qu'elles soient professionnelles, amicales, familiales ou autres. Nous sélectionnons en permanence les informations qui sont pertinentes, les gardons en mémoire (dans un coin de notre tête) et adaptons nos plans après les avoir prises en compte.

Une « pause nature » est tout à fait salutaire face à la pression du quotidien, en particulier celle qui s'exerce dans le milieu professionnel. Elle contribue à nous rendre plus efficaces. Or nombre d'entre nous ont tendance, pour répondre à cette pression de fatigue mentale, à vouloir divertir leur attention autrement. Certains s'évadent des tâches professionnelles qui leur pèsent en passant du temps sur leur smartphone par exemple. Malheureusement, dans les suites de ce qui a été évoqué au chapitre 4, l'effet obtenu n'est pas celui qui est attendu. L'usage d'un smartphone aggrave la fatigue plutôt qu'elle ne la diminue.

Que faut-il pour obtenir ces effets cognitifs bénéfiques et comment s'y entraîner ? Selon Rachel et Stephen Kaplan, pour que la nature puisse avoir un effet restauratif, il faut la laisser générer un sentiment de fascination. Il est nécessaire que nous allions jusqu'à nous sentir littéralement captivés par elle. En nous donnant l'occasion de nous évader, elle nous permet de laisser momentanément de côté nos préoccupations quotidiennes. Pour atteindre cet objectif, il nous faut percevoir la cohérence qui lie les caractéristiques de l'environnement naturel ; les éléments du paysage sont en effet connectés entre eux. La logique d'un écosystème permet de s'y évader mentalement. Enfin, cet environnement doit être compatible avec ce que nous sommes, notre histoire, nos préférences. Ces différents éléments, dont la combinaison peut paraître théorique, contribuent ensemble au caractère restauratif des environnements naturels. Ils conditionnent les effets de la nature sur notre attention, mais également sur notre bien-être mental. En avez-vous déjà éprouvé les effets ?

Les environnements naturels qui agissent sur l'esprit

Il y a plusieurs manières de montrer comment la nature agit sur l'esprit. On peut, par exemple, recourir à des questionnaires que l'on envoie à des personnes plus ou moins immergées dans des milieux naturels. Lorsqu'on leur fait remplir, avant et après une marche dans différents milieux, des questionnaires portant sur le bien-être ressenti et sur la manière dont elles ont perçu la nature (en tenant compte des propriétés qui viennent d'être évoquées : fascination, évasion, cohérence et compatibilité), il apparaît que les caractéristiques des milieux en question conditionnent les effets qu'ils produisent. En effet, selon les résultats de ces questionnaires, pour qu'un milieu ait un impact sur le bien-être, il faut qu'il possède des caractéristiques précises.

En pratique, il a été montré que les environnements naturels qui comportent le moins d'aménagements humains sont les plus bénéfiques. À titre d'illustration, on peut considérer les résultats d'une étude réalisée dans la ville de Bari, au sud de l'Italie. Il a été demandé à 50 étudiants d'évaluer le caractère restauratif de plusieurs environnements, allant du square urbain végétalisé à des espaces naturels à l'extérieur des villes accueillant de nombreuses espèces animales et végétales et peu d'agencements humains. Sans grande surprise, les environnements situés à l'extérieur des villes comprenant une plus grande diversité naturelle et peu d'agencements humains avaient, selon les sujets, le plus grand potentiel de restauration du bien-être. En conséquence, il paraît pertinent de faciliter, pour les personnes qui vivent en milieu urbain, l'accès à ce type d'environnement, en organisant par exemple des transports qui leur permettent de s'y rendre facilement pour profiter de son effet bénéfique.

Par ailleurs, un parc ou un simple îlot de verdure aura des effets différents selon la complexité de son agencement, ses caractéristiques acoustiques (bruits d'eau, chants d'oiseaux...) et la composition de sa faune et de sa flore. Ce type d'informations est particulièrement intéressant à prendre en compte avant de végétaliser un milieu urbain.

Ce que l'imagerie cérébrale nous apprend

Les travaux s'appuyant sur des questionnaires permettent certes de mieux comprendre les préférences des personnes vis-à-vis de la nature et les caractéristiques de cette dernière pour qu'elle ait un impact positif sur notre bien-être. Toutefois, pour aller plus loin, il est nécessaire de mieux comprendre par quels mécanismes la nature agit sur nos émotions et nos pensées. Pour ce faire, il faut se pencher sur le fonctionnement du cerveau. Nous pouvons recourir à plusieurs types d'investigation pour accéder à la morphologie ou au fonctionnement du cerveau. Cela nécessite de placer la tête dans le dispositif volumineux que constitue un appareil d'imagerie par résonance magnétique (IRM) ou encore d'installer des électrodes à la surface du crâne afin d'enregistrer l'activité électrique du cerveau (c'est-à-dire réaliser un électroencéphalogramme ou EEG). Comparer le fonctionnement du cerveau avant et après exposition à la nature avec ce type d'appareils est possible. En revanche, hormis pour l'électroencéphalogramme ou des techniques apparentées, il n'est pas possible d'y recourir au moment même où la personne est exposée à un milieu naturel. Ces études sont donc beaucoup plus difficiles à réaliser que celles qui s'appuient sur de simples questionnaires.

Les travaux portant sur l'activité cérébrale recourent en général à de la végétation d'intérieur, à des photos, à des images sur écran ou des vidéos, voire à la réalité virtuelle. Il n'est donc pas certain que les résultats obtenus puissent être extrapolés aux effets d'une exposition en pleine nature. Ils restent toutefois très instructifs. Certains de ces travaux ont employé un dispositif portable permettant de mesurer l'oxyhémoglobine préfrontale (témoignant de l'oxygénation du cerveau) avec une technologie proche de celle qui permet la mesure de la saturation tissulaire en oxygène au bout du doigt. Ils ont montré qu'être soumis à un stimulus naturel diminuait la saturation en oxygène au niveau préfrontal. Ce résultat est particulièrement instructif puisque la région préfrontale est impliquée dans l'attention dirigée. Cela signifie que l'exposition à un milieu naturel diminue l'engagement d'une région cérébrale impliquée dans les phénomènes conscients d'attention dirigée en la mettant en quelque sorte au repos.

À côté de cela, des travaux d'électroencéphalographie ont mis en évidence une augmentation de l'activité cérébrale habituellement liée au repos, dite « alpha », à la suite de l'exposition à des stimuli naturels. D'autres travaux en IRM fonctionnelle (qui permet en temps réel de mesurer l'oxygénation de chaque unité de volume, proportionnelle à l'afflux de sang consécutif à l'activité cérébrale, avec une définition de plus en plus précise au fur et à mesure que la technique s'améliore) ont comparé les régions du cerveau activées lorsque les personnes regardaient des scènes naturelles et les régions activées lorsqu'elles regardaient des scènes urbaines. Les scènes de nature ont entraîné l'activation de régions associées aux expériences de plaisir ou au fait de regarder des stimuli positifs, notamment les noyaux gris centraux, qui sont situées à la base du cerveau. Or ceux-ci n'étaient pas activés par les stimuli urbains.

Il faut toutefois interpréter ces résultats avec précaution puisqu'ils résultent d'une situation très artificielle : les stimuli étaient présentés dans une machine au sein de laquelle les personnes étaient allongées dans un environnement extrêmement bruyant (le fonctionnement d'une IRM génère des vibrations d'intensité proportionnelle au champ magnétique produit, pouvant atteindre 115 décibels, c'est-à-dire l'équivalent du niveau sonore produit par un marteau-piqueur). Néanmoins, cela offre des pistes de compréhension quant aux effets spécifiques des scènes naturelles sur le cerveau.

D'autres travaux ont été conduits à distance du contact avec la nature. Une équipe de chercheurs a étudié l'impact d'une marche de 90 minutes sur un groupe de 38 participants, la moitié ayant dû marcher dans un environnement naturel et l'autre moitié dans un environnement artificiel. Cette équipe a montré que le milieu naturel diminuait les ruminations, évaluées grâce à un questionnaire. Elle a aussi montré qu'il réduisait l'activité cérébrale d'une petite région du cortex frontal appelée « cortex cingulaire antérieur subgénual ». Or cette région est associée aux pensées négatives et aux ruminations. En d'autres termes, la marche dans un milieu naturel diminue l'attention que nous portons à des stimuli négatifs internes, en l'occurrence des pensées ou des souvenirs désagréables. L'exposition à un milieu naturel permet donc de se décentrer de cette idéation négative.

En conclusion, ces études montrent que la nature agit de plusieurs manières sur nos pensées et notre cerveau. Même si elles sont encore peu nombreuses, elles ont ouvert de très belles perspectives. Mieux comprendre comment la nature agit sur nos pensées et sur nos émotions, à travers ses effets sur le cerveau, aide à mieux la respecter et à la considérer comme une ressource indispensable à notre existence. Ce n'est pas négligeable à l'heure où la prise de conscience collective de sa fragilité et de son caractère infiniment précieux se généralise enfin.

QUATRIÈME PARTIE

Pendant et après la crise du coronavirus

Nous l'avons vu, la pandémie de coronavirus a marqué notre façon d'être en lien avec notre environnement et le monde en général. Les effets de cette crise ont été majeurs. Ils se sont exercés – et continuent à s'exercer – dans les domaines présentés tout au long de ce livre. Les mesures de contrainte prises pour lutter contre l'épidémie, dont les différents confinements ont représenté l'acmé, ont bouleversé nos repères à plusieurs reprises. Nos vies ont dû se réorganiser en conséquence, dans un premier temps dans l'urgence, puis de manière durable puisque aucune sortie de crise ne s'est dessinée dès 2020, ni l'année suivante malgré une généralisation progressive de la vaccination. La situation s'est progressivement améliorée en 2022 et 2023. Les mutations successives du virus qui avaient fait craindre que les vaccins développés initialement ne suffisent pas à enrayer l'épidémie du fait d'une protection devenue insuffisante ne lui ont pas permis de perdurer. Le 5 mai 2023, le directeur général de l'OMS a déclaré que la situation était désormais suffisamment sous contrôle pour que le niveau maximal d'alerte soit levé. La pandémie, qui aurait fait au moins 20 millions de morts, ébranlé l'économie mondiale et fortement aggravé les inégalités, ne représentait dorénavant plus une urgence sanitaire de portée internationale selon cette organisation.

Après avoir examiné dans les deux premiers chapitres de cet ouvrage comment cette catastrophe sanitaire a affecté notre santé mentale, dans la continuité du livre *Covid-19 et détresse psychologique*, nous allons maintenant nous pencher sur ses conséquences pratiques dans les différents domaines de notre existence et comment elle est susceptible d'agir sur la manière dont le monde s'organisera à l'avenir. Il est probable que l'altération, temporaire ou plus pérenne, de notre santé mentale ait favorisé une partie de ces répercussions.

CHAPITRE 12

Les enseignements de la crise sanitaire pour notre mode de vie

Notre mode de vie remis en cause

La crise sanitaire n'a pas seulement entraîné une rupture brutale des conditions de notre existence quotidienne durant les périodes de confinement, elle a aussi interrogé chacun d'entre nous sur son mode de vie et son rapport à l'environnement sans savoir si cette crise serait à l'origine d'une modification durable de ces aspects.

Outre un rôle favorable du télétravail – pour ceux dont le poste le permet, généralement sur une quotité de temps minoritaire –, elle a aussi mis en exergue qu'il était essentiel de disposer d'un espace de vie adéquat en termes de surface et d'aménagement, ainsi que d'un accès à un espace extérieur tel qu'un balcon ou un jardin. Elle nous a rappelé notre besoin essentiel d'exposition à la nature. La perte des contacts sociaux et l'interdiction des grands rassemblements pendant un temps ont contribué à faire prendre conscience de leur importance. Enfin, l'impossibilité d'avoir recours aux déplacements et à une consommation de masse a fait apparaître ces comportements comme futiles et a mis en exergue leur rôle dans l'appauvrissement des ressources de la planète, tout en montrant comment il était possible de les limiter. Cette crise a été l'occasion de remettre en question notre mode de vie et de mettre en évidence un certain nombre d'enjeux écologiques de notre époque. Nous en saisirons-nous ?

La tentation de l'exode urbain

En 2020, certains ont prédit un abandon des bureaux et un délaissement des grandes villes, qui pourraient toucher tout particulièrement leur centre (voir figure 10). Certes, le télétravail a été largement dominant pendant les confinements, mais il est rapidement redevenu une modalité de travail annexe dès que la crise sanitaire a commencé à s'estomper. Le changement de priorités pourtant souhaité par de très nombreuses personnes a tardé à se manifester.

Décider de vivre en milieu rural découle souvent de la mise en application de priorités de vie jusque-là latentes car jugées impossibles à concrétiser. Le choix d'élever ses enfants dans un milieu sain est une motivation répandue. À ce jour, les villes qui étaient surpeuplées avant la pandémie le sont encore, même si de très nombreuses personnes qui n'osaient pas imaginer pouvoir vivre un jour dans une petite ville, dans un village ou en pleine campagne ont transformé leur rêve en réalité. Ce rêve peut se réaliser à condition de ne pas habiter

Figure 10. Souhait de quitter les principales villes françaises en 2021

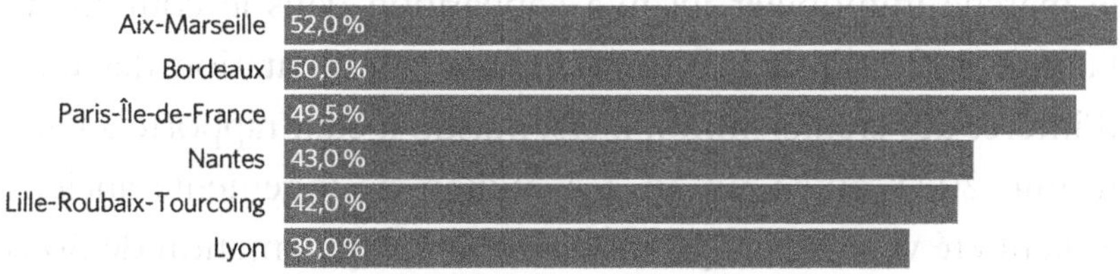

Selon la troisième enquête « Mon bureau postconfinement » de la chaire Workplace Management de l'ESSEC Business School ayant interrogé 1 868 employés et utilisateurs de bureaux entre le 21 et le 30 avril 2021.

trop loin de son lieu de travail ; et, pour les salariés, que leur employeur accepte le télétravail. Ne plus se rendre tous les jours à son bureau permet évidemment de vivre plus loin de sa ville d'implantation initiale. Avant la crise, l'exode urbain avait déjà été un choix pour certains autoentrepreneurs dont l'activité repose sur Internet. Nous pouvons imaginer que les vocations dans ce domaine prendront de l'ampleur dans les années à venir si les débouchés commerciaux suivent.

De très nombreuses personnes ont longtemps accepté d'occuper des logements petits et coûteux dans des grandes villes, dans la mesure où les inconvénients de ceux-ci étaient compensés par la richesse culturelle de celles-là. Or le confinement a brisé le charme à l'œuvre jusqu'alors. Il a conduit certains à considérer que ce mode de vie n'était plus supportable et à leur faire considérer qu'il leur serait bénéfique de s'installer dans un lieu moins cher, exposant à une moindre promiscuité et offrant une meilleure qualité de vie. Ceux qui ne veulent pas s'exposer à un risque d'isolement et d'appauvrissement culturel choisissent de s'installer dans une petite ville plutôt qu'au cœur de la campagne. En témoigne le nouveau développement que connaissent des villes moyennes telles que Colmar ou Vannes.

Cette évolution était déjà patente en France avant même la fin de la pandémie. Globalement, la crise n'a pas impacté le marché immobilier jusqu'à l'apparition dans le courant de l'année 2022 d'une inflation et d'une augmentation des taux d'intérêt des crédits immobiliers, puisqu'il était rapporté à l'automne 2021 qu'en un an 1,2 million de logements anciens avaient été vendus, ce qui traduisait une augmentation de 36 % par rapport à la moyenne des ventes annuelles entre 2011 et 2020. Selon l'indice Notaires-Insee, les ventes immobilières se sont accélérées dans notre pays au cours du premier semestre de l'année 2021. Les prix ont augmenté en moyenne de 5,9 %, et cela plus fortement pour les maisons (6,9 %) que pour les appartements (4,6 %). En Île-de-France, les prix n'ont augmenté que de 3,1 % contre 7 % dans le reste de la France. Dans les zones rurales et les villes de moins de 10 000 habitants, l'augmentation a atteint 7,2 %. Au total, la succession des confinements de 2020 et de 2021 a favorisé un relatif désamour du centre des grandes villes au profit des petites villes, des zones rurales et des zones périurbaines éloignées. Cette évolution s'est révélée très sensible en grande couronne parisienne avec une augmentation des prix de 8 % sur la période 2020-2021. Il s'est agi toutefois d'une inflexion plutôt que d'une inversion – les prix ont continué à progresser, mais moins rapidement qu'avant, à Bordeaux et Lyon (+ 4 %), le changement le plus notable ayant touché des villes de taille moyenne telles que Metz, Reims, Poitiers et Angers où les prix ont bondi de 15 %. En 2021, selon la FNAIM, le prix des logements anciens a augmenté dans toute la France sauf à Paris (– 0,4 %) et dans l'ouest de l'Île-de-France, avec une évolution de plus de 10 % sur presque toute la façade atlantique, des Landes au Calvados, ainsi que dans la Drôme, en Ardèche, dans le Loir-et-Cher et en Meurthe-et-Moselle.

L'évolution des inscriptions dans les écoles primaires et dans le secondaire a confirmé une relative désaffection des métropoles au profit des villes petites et moyennes. À la rentrée de septembre 2021, Paris et Grenoble ont compté 2,65 % d'élèves en moins, Nancy 2,18 % et Lyon 2,06 %, alors que dans les communes rurales la baisse n'a été que de 1,26 %. Globalement le recul a été de 1,76 % dans les vingt-deux métropoles contre 1,40 % sur l'ensemble du territoire dans un contexte de baisse progressive des naissances dans notre pays (selon l'Insee, le nombre de naissances en France est passé de 832 800 en 2010, à 811 400 en 2014, 760 100 en 2017, puis 730 000 en 2020).

Lors des deuxièmes rencontres des villes moyennes organisées à Cahors par la Fabrique de la cité fin octobre 2021, François Bayrou a proposé que les villes moyennes puissent représenter un rempart contre l'isolement. Or selon Chloë Voisin-Bormuth, on continue à créer des postes principalement dans les métropoles, l'emploi étant toujours le principal déterminant du lieu d'habitation. En pratique, en novembre 2020, nombre de Parisiens voulaient déménager alors que ce n'était pas le cas des habitants des métropoles régionales. Les conséquences tardives de la pandémie pourraient favoriser les villes moyennes – dans la mesure où elles sont capables d'attirer des entreprises ou des particuliers pouvant se permettre de s'éloigner des grandes villes pour bénéficier d'un cadre de vie plus serein –, mais elles pourraient aussi ne pas avoir d'impact négatif sur les métropoles régionales, ni même sur Paris.

Quelle place gardera le virtuel dans nos modalités d'interaction ?

Pendant les confinements, et même plus largement durant la pandémie, nos discussions se sont faites par défaut à distance grâce au matériel informatique. Au-delà de la question du télétravail et de l'enseignement en ligne, les échanges dorénavant désignés par le néologisme – ou anglicisme – « distanciels » ont pris pendant cette période une place croissante dans notre vie privée. De nombreux grands-parents ont fait la connaissance d'un nouveau petit-fils ou d'une nouvelle petite-fille sur un écran et l'ont vu(e) commencer à grandir grâce à l'association caméra-écran-système sonore désormais indispensable à la communication. Des adieux ont souvent été faits selon la même modalité, à l'instar d'échanges de toute nature.

Garderons-nous l'habitude de communiquer de la sorte ? Lors des déconfinements successifs, une restauration progressive des contacts directs a été observée plutôt qu'un maintien des modalités virtuelles. Durant l'été 2021, les formes d'interactions étaient redevenues proches de celles qui existaient pendant la période précédant la pandémie. En 2022, hormis durant l'épisode du variant Omicron, cela a également été le cas. De façon flagrante, seule la sphère professionnelle semble avoir gardé l'habitude des réunions à distance, moins coûteuses à tous points de vue et presque aussi efficaces que les réunions avec contact direct, hormis la perte des échanges informels.

Durant les pires moments de la pandémie, le vécu et les besoins des personnes qui ont été confinées seules et privées d'échanges interpersonnels directs pendant de longues périodes ont probablement été très différents de celles qui se sont retrouvées enfermées avec des proches mais dans un petit espace – en particulier lorsque les choses se sont mal passées et qu'il y a eu des tensions, voire de la violence. Ces personnes n'ont cessé de rêver de solitude et d'espace d'un bout à l'autre de l'épidémie.

Quoi qu'il en soit, si les besoins de chacun ont été modifiés par la crise, certes de manière différente, nous ne pouvons pas encore savoir si ces modifications seront durables. L'adaptabilité humaine, dont les effets ont pu être observés dès la fin du premier confinement, devrait sans doute continuer d'exercer son œuvre salutaire dans la durée, quelles qu'aient été les difficultés et les besoins observés antérieurement aux moments les plus aigus de la pandémie. Les normes en termes de distance à respecter, voire d'éviction totale de tout contact, ont changé radicalement plusieurs fois de suite et la population a paru s'en accommoder. Les contraintes ayant coûté un effort notable dans un premier temps ont progressivement été acceptées comme une nouvelle norme, avant d'être laissées de côté puis parfois réinstaurées et de nouveau plus ou moins bien acceptées. Notre capacité à faire face à ces changements itératifs témoigne de l'efficacité de notre flexibilité.

Le recours aux applications informatiques permettant de communiquer (Messenger, Skype, Teams, WhatsApp, Zoom, etc.) a certes rapproché des personnes qui n'auraient pas été en contact sans elles et, de ce fait, contribué à briser l'isolement, mais il n'a jamais remplacé le fait de se rencontrer vraiment. Les sensations qu'occasionne un échange numérique ne sont qu'un succédané de la diversité et de l'intensité émotionnelles suscitées par une vraie rencontre. Lorsque la couverture vaccinale des Français est devenue satisfaisante à la fin de l'été 2021 des regroupements n'ont pas manqué de se multiplier à l'occasion de fêtes de rue ou autres manifestations collectives de joie face à la liberté retrouvée.

La crise aura-t-elle un impact économique et politique ?

La pandémie de Covid-19 est l'un des principaux événements récents ayant eu une portée mondiale, à l'instar de la série d'attentats perpétrés par des groupes terroristes islamistes, inaugurée par celui du 11 septembre 2001 et de la crise financière de 2008. Tous ont eu un impact politique.

La première raison de cet impact est économique. Selon l'OCDE, la lutte contre la pandémie a été à l'origine de la crise économique la plus sévère depuis la Seconde Guerre mondiale. Elle a engendré des dépenses considérables (atteignant au niveau mondial, durant les seuls quinze premiers mois de la crise, 16 000 milliards de dollars d'aides budgétaires, auxquels il faut ajouter 7 500 milliards de dollars apportés par les banques centrales) qui ont considérablement aggravé l'endettement des États et vont modifier leur budget pendant de nombreuses années.

De nombreux pays (au moins quarante selon l'Organisation internationale du travail) ont fait le choix de maintenir les salaires des travailleurs qui ne pouvaient plus exercer leur activité du fait du confinement et auraient pu faire face à une période de chômage sans traitement. Pour ce faire, ils ont mis en place des subventions salariales temporaires et ont recouru à l'activité partielle – également appelée « chômage partiel ». En pratique, les employeurs ont touché des indemnités destinées à compenser les salaires qu'ils continuaient à verser à leurs salariés. Certains s'en sont tenus aux augmentations planifiées du salaire minimum, alors que d'autres ont gelé ce dernier.

Le 15 septembre 2021, la Cour des comptes a rendu un rapport sur les dépenses publiques en France lors de la crise sanitaire. Ce document a mis en évidence que ces dépenses ont augmenté de 96,4 milliards d'euros entre 2019 et 2020, dont 86 % étaient liés à la crise. Les principaux dispositifs d'urgence, dont les dépenses de santé ainsi que le soutien aux entreprises et aux ménages, ont considérablement amorti *les effets économiques et sociaux de la crise*, au prix d'un endettement accru. Dans notre pays, la dette publique a ainsi atteint 2 649 milliards d'euros en 2020, soit 115 % du PIB, presque 20 % de plus qu'en 2019.

À quoi doit-on s'attendre à moyen terme ? Certains experts ont prédit une baisse des salaires et une réduction des prestations sociales du fait de la pression exercée sur l'économie et sur l'emploi, créant les conditions d'une période d'austérité. La France a tout fait pour éviter d'entrer dans une telle spirale négative. Il est certain que la relance a été au centre des préoccupations de la plupart des États dès les premières vagues de l'épidémie. Une réflexion collective devra porter sur les échelles de salaires qui seront pertinentes pour assurer un niveau de vie suffisant pour les salariés et, en même temps, protéger les emplois, maintenir la consommation et éviter une déflation. Par ailleurs, le sujet d'éventuelles augmentations d'impôts destinées à réduire le taux d'endettement a longtemps été évité lors de la campagne présidentielle de 2022.

Les attentes à l'égard des dirigeants politiques ont été influencées par la pandémie. Aux États-Unis, la colère et le désespoir causés par la récession ont favorisé le populisme de Donald Trump qui a prétendu rendre sa grandeur à l'Amérique. Or son incompétence a été dévoilée une nouvelle fois lorsqu'il a préconisé un non-respect du confinement ou prôné un large recours à l'eau de Javel pour éliminer le virus. Il est ainsi probable que la pandémie a contribué à l'élection de Joe Biden. En Allemagne, un doctorat en chimie et un début de carrière dans la recherche ont donné du poids aux décisions politiques prises par Angela Merkel. Il en est allé de même pour les antécédents humanitaires de la Néo-Zélandaise Jacinda Ardern. En France, Emmanuel Macron a eu à cœur d'appuyer les décisions politiques prises sur des données probantes. Au total, ces observations montrent que les dirigeants renforcés par la crise sont ceux qui sont essentiellement rationnels et intégratifs, de ce fait crédibles, au détriment de ceux qui sont partiaux ou impulsifs.

Les conséquences sur la culture

Les lieux de culture ne sont déjà plus tout à fait les mêmes qu'avant le début de la pandémie. Certains n'ont pas survécu à la crise. Des théâtres, des galeries et des salles de concert n'ont jamais rouvert. D'autres ont repris leur activité, mais avec des ressources réduites. Par ailleurs, nous ne mesurons pas encore l'impact que cette période pourrait avoir sur la créativité et sur les contenus artistiques. Doit-on s'attendre à une vision assombrie par la succession d'événements inquiétants et coercitifs à laquelle nous avons dû faire face ou au contraire à un rebond d'optimisme que libérera la levée des contraintes ?

Si l'on se réfère aux conséquences d'épidémies antérieures, une issue négative peut aussi bien être envisagée qu'une issue positive. Considérons la période de sortie de crise qui a succédé à l'épisode de grippe espagnole de 1918-1919. Celle-ci a eu la particularité, non seulement d'être en elle-même à l'origine d'une mortalité colossale, d'un isolement social et de difficultés économiques, mais aussi de succéder au cataclysme de la Première Guerre mondiale. Or cette période extrêmement sombre a été marquée par une contrepartie très positive. Celle-ci s'est exprimée par des naissances dont il n'est pas exclu que les catastrophes précédentes aient pu les favoriser à travers une sorte de catharsis.

T. S. Eliot a obtenu le prix Nobel de littérature en 1948 pour ses écrits où la spiritualité occupe la part belle, après avoir participé à la modernité poétique américaine. C'est durant cette première période qu'il a écrit un long poème intitulé *La Terre vaine* (*The Waste Land*), publié en 1922. Lorsqu'il s'est attelé à son écriture, il endurait des séquelles de la grippe et redoutait que le virus empêche son esprit de fonctionner comme avant. Certains vers sinistres de ce poème font directement allusion aux conséquences de cette épidémie meurtrière : « Je n'avais pas pensé que la mort en avait défait autant. Des soupirs brefs et peu fréquents étaient exhalés. »

La période faisant suite à la grippe espagnole et à la Première Guerre mondiale n'a pas seulement été marquée par l'expression d'un désarroi, voire d'un vécu funeste, elle a aussi laissé s'exprimer des manifestations de joie expiatoire, aussi bien dans le domaine de la danse que de la musique. En ce qui concerne la danse en particulier, dès le début des années 1920, le charleston, apparu dans la communauté noire américaine de Caroline du Sud dans les années 1910, s'est imposé comme la danse de référence et a continué à occuper cette place pendant toute la décennie. Or quelle autre danse manifeste une telle explosion débridée de joie ? Du côté de la musique, cette époque a été celle de la création du Cotton Club à New York, initialement ouvert en 1920 sous un nom différent, où le jazz et les libations se sont caractérisés par leur absence de retenue.

La période de la république de Weimar, du moins pendant les années 1918-1922, a aussi été extrêmement créative à Berlin dans le domaine de la peinture comme dans celui de la photographie, de l'architecture, du théâtre, de la danse et du cinéma. Du côté de la peinture, les toiles expressionnistes de cette période se caractérisent par leur éloquence, leurs couleurs vives, leur contenu iconoclaste et une richesse émotionnelle souvent manifeste. Berlin était aussi la ville de la fête. Les bals de travestis succédaient aux spectacles de toute nature. La ville comptait cent soixante-dix music-halls et cabarets. Le plus grand café de Berlin pouvait accueillir jusqu'à 2 500 personnes et une douzaine de restaurants étaient décorés en panoramique selon des thèmes grandioses.

Revenons à la période actuelle. Aucun style de musique particulier n'a émergé pendant la pandémie de Covid-19. En revanche, elle a conduit des artistes à s'exprimer en défaveur des mesures de restriction prises pour lutter contre la contagion. Cela a été le cas des musiciens Van Morrison et Eric Clapton à l'automne 2020 avec la chanson de blues *Stand and deliver*. Eric Clapton a récidivé en 2021 avec

This Gotta Stop, où il a chanté « Ça doit s'arrêter, trop c'est trop, je ne peux plus supporter ». Le clip d'animation qui accompagnait cette chanson mettait en scène des manifestants brandissant des pancartes sur lesquelles étaient inscrits les slogans « Liberté », « Assez, c'est assez » et « Stop », alors que les autres citoyens, sous l'emprise du discours des responsables politiques, se montraient incapables de lâcher leur smartphone. En décembre 2020, HK et les Saltimbanks ont diffusé sur YouTube une chanson contre le confinement appelée *Danser encore.* Kaddour Hadadi (*alias* HK) y énonçait : « Il faut qu'on trouve un chemin pour continuer de vivre malgré cette pandémie. Nous sommes des êtres sociaux et nous avons besoin de nous réunir, de danser, de chanter. » Le 12 mars 2021, ils l'ont chanté devant le théâtre du Nord, à Lille avant qu'elle soit reprise sur de nombreuses places publiques françaises par des musiciens locaux dans les semaines suivantes.

Qu'en est-il des effets de la pandémie de Covid-19 sur la littérature ? Le livre *Indices* de la romancière britannique Zadie Smith a été écrit en 2020 à New York pendant le confinement. Il met en exergue l'effondrement brutal de nos certitudes et le sentiment d'impuissance qu'il a pu générer, mais aussi les conséquences positives du confinement y compris en termes d'altruisme. Dans les différents récits qui constituent cet ouvrage, Zadie Smith décrit la place que nous pouvons accorder aux autres dans une situation d'isolement et la manière de faire face à la crise. Elle affirme : « Face aux choses qui nous arrivent, nous nous efforçons tous de nous adapter, d'apprendre, de nous accommoder, parfois de résister, d'autres fois de nous soumettre. Mais les écrivains ne s'arrêtent pas là : ils se saisissent de toute cette masse informe de confusion, et ils la coulent dans un moule de leur conception. Écrire, c'est *entièrement* résister. »

Il est encore trop tôt pour savoir si la pandémie finira par susciter une vague de désolation dans les contenus littéraires et cinématographiques. Même si sa conjonction temporelle avec le réchauffement climatique et les préoccupations environnementales qui en découlent peut le faire craindre, il n'est pas exclu que les capacités de résilience de l'être humain reprennent le dessus. Après plusieurs années au cours desquelles nos principaux besoins ont été réprimés puisqu'il ne nous était plus permis d'explorer, de découvrir ni de rencontrer, il n'est pas déraisonnable de s'attendre à une explosion postvirale créative, même si celle-ci est retardée par la guerre en Ukraine. Si elle finit par se produire et affecter positivement nos interactions avec le monde et les autres, elle touchera nécessairement le domaine artistique.

L'impact sur l'organisation du travail

Renoncer aux trajets souvent fastidieux entre son domicile et son lieu de travail est un rêve largement partagé, mais souvent peu accessible. Certes les concepteurs indépendants de sites Internet, ainsi que les artistes et artisans que les clients n'ont pas besoin de rencontrer avant d'acheter leur production n'ont pas attendu la pandémie de Covid-19 pour le réaliser. Lorsque celle-ci a débuté, la balance a très vite penché en faveur du télétravail, ouvrant la voie à une disparition répandue du bureau en tant qu'endroit distinct du lieu d'habitation.

Mais la pandémie a entraîné la disparition d'emplois peu rémunérés des secteurs de l'hôtellerie et des loisirs. La nécessité de les conserver s'est tarie au fil des différents épisodes qui en ont émaillé le cours, en particulier les confinements, couvre-feux et autres périodes de restriction. Certains ne réapparaîtront pas, ce qui remet en question la pertinence des subventions temporairement consacrées à perte à leur maintien en attendant d'hypothétiques jours meilleurs.

La pandémie a certes bouleversé le monde professionnel en déplaçant le lieu de travail d'une partie de ceux qui ont les plus hauts revenus et en limitant la capacité à travailler d'une partie de ceux qui ont les plus faibles revenus. Les circonstances de la crise ont renforcé des tendances déjà à l'œuvre plutôt que d'aller à leur encontre.

La pandémie a largement favorisé la vente en ligne au détriment du commerce de détail. Il n'est toutefois pas certain que ce changement de comportement des consommateurs se maintienne à l'issue de la pandémie. Alors qu'Amazon a connu un bond de 38 % de ses ventes entre 2019 et 2020 (avec un bénéfice net de 21,3 milliards de dollars contre 11,6 milliards), la croissance de ses ventes a marqué le pas en 2021 à la fois du fait d'une hausse des coûts et de difficultés pour développer les circuits de livraison que d'un retour des consommateurs dans les magasins. On peut toutefois s'attendre à ce que les commandes en ligne se maintiennent à un niveau supérieur à ce qu'il était avant la crise et qu'il y ait dorénavant encore plus de chauffeurs-livreurs.

En revanche, il est peu probable que l'hôtellerie et les loisirs connaissent un déclin durable. Certes le nombre de professionnels de ces secteurs sans emploi ou au chômage technique a explosé en 2020. Pendant la pandémie les dépenses des particuliers se sont portées sur l'acquisition de biens plutôt que sur les sorties, mais la tendance antérieure peut finir par reprendre le dessus. L'hôtellerie et la restauration pourraient ainsi redevenir le secteur de forte croissance de l'emploi qu'elles étaient avant la pandémie.

Travailler à domicile a été une formidable découverte pour de nombreux employés. Pendant cette période, ceux qui placent leur métier au premier rang de leurs priorités ont d'ailleurs eu le sentiment d'habiter sur leur lieu de travail plutôt que de travailler dans leur lieu d'habitation. Quelques-uns n'ont plus été en mesure de distinguer les temps professionnel et privé. Parmi eux, certains se sont laissé déborder par le travail, aussi bien en termes de charge que d'horaires, ce qui les a conduits au burn-out.

La crise sanitaire n'a fait que précipiter une évolution qui était déjà à l'œuvre. Entre 2017 et 2019, la proportion des salariés français ayant occasionnellement ou régulièrement recours au télétravail est passée de 25 à 30 %. En mai 2020, elle a bondi à 41 %, après quoi elle est redescendue tout en se maintenant à un taux élevé. Il faut tenir compte du fait qu'en période pandémique le télétravail n'a pas seulement été le produit d'une concertation entre les salariés et leurs employeurs, il a avant tout été l'un des instruments de régulation des distances sociales auquel les pouvoirs publics ont eu d'autant plus recours que le taux de contamination était élevé.

Dans l'idéal, il faudrait tenter d'exercer une influence sur ce que pourra être notre avenir professionnel collectif, plutôt que de se contenter de le façonner à titre individuel. À ce titre, améliorer la sécurité de l'emploi des salariés les plus précaires et les moins rémunérés pourrait compenser le fait qu'ils sont confrontés aux risques sanitaires et économiques les plus élevés. À moins que la tendance à se protéger des contraintes professionnelles, voire à ne plus travailler du tout, mise en évidence aux États-Unis dès 2021 et observée également en Europe dans une moindre mesure, ne se confirme ? En novembre 2021, plus de 4,5 millions d'Américains avaient quitté leur travail. Cette grande démission, ou *Great Resignation*, qui a occupé beaucoup d'espace sur les réseaux sociaux, a débuté pendant la pandémie. Ce phénomène a mis en exergue la lassitude et la recherche de nouveaux objectifs de vie de millions de travailleurs, relevant de la qualité de vie plutôt que de la productivité professionnelle. La France n'a pas été épargnée : le nombre de ruptures conventionnelles a explosé et la pénurie de main-d'œuvre a affecté sévèrement et durablement plusieurs secteurs.

Prévenir les contaminations ?

Le monde d'après la crise sera différent de celui d'avant dans nombre de ses dimensions. Au-delà des principales dimensions sociétales qui viennent d'être évoquées, il est impossible de ne pas envisager la question de la prévention épidémique. Même si celle-ci n'occupe pas le devant de la scène comme elle l'a fait de 2020 à 2022, il est probable que cette longue crise va laisser des traces et que la contagion restera longtemps un sujet d'attention central, au moins en termes de recherche scientifique et de procédures concernant la vie en collectivité.

Bien au-delà de l'adaptation des restrictions – de la plus intense, le confinement, au simple pass sanitaire ou vaccinal en passant par les couvre-feux et autres interdictions de rassemblement – que nous avons connue pendant les différentes périodes de la pandémie, mais qui n'ont plus de pertinence depuis que nous sommes sortis de celle-ci, il paraît inévitable que le risque de contamination virale reste une préoccupation durable. Aussi, le moyen de s'en prémunir par un geste de bionettoyage sera probablement dorénavant systématiquement considéré lors de la conception de tout espace collectif ou de tout matériau destiné à être touché à répétition par de nombreuses personnes. C'est la seule manière d'éviter une contamination itérative entre deux contacts. Le Covid-19 nous a appris que les épidémies n'appartiennent pas à l'histoire, mais qu'elles vont continuer de côtoyer l'humanité et qu'il est indispensable de s'en prémunir par des actions de prévention efficaces.

De nombreux virus à l'origine de larges épidémies ont un vecteur aérien ou manuporté. Considérons la question des virus respiratoires, à l'instar du SARS-CoV-2. Lors de l'expiration, des sécrétions respiratoires sont émises dans l'air. Elles prennent la forme de gouttelettes de différentes tailles, dont celles qui font plus de 5 microns ne parcourent pas plus de 2 mètres avant de sédimenter, alors que les plus petites se déshydratent pour former un aérosol qui reste en suspension dans l'air. La transmission se fait par inhalation de l'aérosol ou par contact direct des muqueuses (c'est-à-dire des membranes qui recouvrent la gorge, l'intérieur du nez et les yeux) avec les grosses gouttelettes. Les mains peuvent être un vecteur de contamination par des contacts successifs avec une surface contaminée par des sécrétions puis avec son propre visage. L'agent infectieux pénètre par la bouche, le nez ou les yeux.

Le risque de contamination par contact manuel doit donc être pris en compte. Des travaux de recherche ont porté sur les matériaux avec lesquels nos mains entrent en contact régulièrement. L'application répétée d'antiseptique est illusoire car infaisable en pratique : il n'est pas réaliste de viser le nettoyage d'une poignée de porte ou de la barre du métro chaque fois qu'une nouvelle personne l'a touchée. L'idéal serait de pouvoir disposer de matériaux autodésinfectants.

Dès le printemps 2020, Ford a proposé que ses véhicules destinés aux services d'urgence puissent être équipés d'un logiciel planifiant une augmentation de la température de leur habitacle à 56 °C pendant 15 minutes. Un tel procédé entraîne la destruction de 99 % des virus.

La technologie du chauffage par rayonnement – un principe auquel recouraient déjà les hôpitaux pour désinfecter le matériel médical – a été étendue au verre. La fabrication d'un tel matériau a l'avantage de ne pas recourir à des produits pétroliers ni métalliques et donc de préserver l'environnement. La société Riou Glass, par exemple, a équipé les surfaces vitrées qu'elle destine aux lieux publics d'une fine couche de microparticules métalliques reliée à une alimentation électrique. Cela permet de les chauffer régulièrement à 70 °C, ce qui leur confère des propriétés autodésinfectantes.

La question du risque de contamination convoque la problématique de la texture et de la forme d'autres objets d'utilisation collective. Comment faire en sorte qu'ils soient sûrs ? Les leviers et les interrupteurs doivent pouvoir résister à un usage collectif répétitif, tout en limitant le risque de transmission des germes ou des virus qui ont pu y être déposés.

Des commandes gestuelles constitueraient la meilleure solution technologique, mais elles ne sont pas encore à l'ordre du jour en raison d'une efficacité trop limitée et d'un coût excessif. En attendant, on peut attendre des designers de meilleures solutions que les protections en plastique qui ont été largement utilisées dans différents commerces ou restaurants pendant toute la crise (au moment où ce livre était écrit certains commerces avaient laissé enveloppés de cellophane des terminaux bancaires, de manière peu esthétique et pas spécialement hygiénique lorsque aucun nettoyage n'est effectué entre deux utilisations).

La contamination aérienne doit également être considérée. Les travaux et le matériel concernant le renouvellement et le filtrage de l'air au sein d'un espace clos ont fait un bond en 2020. Toutefois, cette problématique scientifique et technique n'a pas attendu la pandémie de Covid-19 pour émerger. Dès 1994, les Centers for Disease Control (CDC) recommandaient que les personnes atteintes de tuberculose ou susceptibles de l'être soient placées en isolement dans des pièces dont l'air est renouvelé douze fois par heure et soumis à une filtration de haute efficacité des particules aériennes (*high efficiency particulate air* – HEPA – *filtration*).

De nombreuses sociétés proposent des purificateurs d'air capables de filtrer des particules dont la taille peut descendre jusqu'à seulement 0,1 micron, c'est-à-dire les gouttelettes et aérosols qui transportent le SARS-CoV-2 et les autres virus respiratoires expirés par les personnes porteuses. L'index de filtration des filtres MERV-12 atteint 70 % sur les particules de 0,3 micron alors que celui des HEPA est de 99,97 %. Les dispositifs équipés de filtres HEPA de classe 13 ou supérieure bloquent les aérosols qui peuvent transporter des virus.

Ils ne remplacent toutefois pas l'aération naturelle d'une pièce. Ouvrir une fenêtre reste la meilleure manière de se prémunir d'une contamination virale. Dans une pièce dont les fenêtres ne s'ouvrent pas, il faut s'assurer du renouvellement de l'air (qu'on peut estimer grâce à une mesure du taux de CO_2). Quelle que soit la méthode utilisée pour renouveler l'air d'une pièce, un taux de 4 à 6 renouvellements par heure serait efficace contre le risque de contamination virale.

Des espaces ouverts ou au minimum bien ventilés remplaceraient avantageusement les environnements hermétiques dans lesquels tant d'entre nous travaillent ou s'adonnent à des loisirs collectifs. La climatisation, le chauffage par air pulsé et toute forme de circulation de l'air en circuit fermé sont remis en question au profit de locaux qui favorisent les échanges d'air avec l'extérieur. Les lieux collectifs, en particulier les établissements scolaires, les transports en commun et les locaux professionnels, doivent être conçus pour permettre à ceux qui les occupent d'être ensemble tout en ne partageant pas d'éventuelles maladies contagieuses.

Réaménager les espaces publics ?

Les bureaux, les restaurants, les espaces publics, les lieux culturels et sportifs sont des espaces sociaux, favorables aux affinités et aux interactions, propices aux actions collectives. Il serait dommage de les réaménager pour nous séparer, tel que cela a pu être fait au plus fort de la crise, par exemple en plaçant des plaques de plexiglas autour des tables d'un restaurant. Mieux vaudrait façonner les espaces de telle sorte qu'ils nous permettent de nous réunir de façon plus sûre. Si le télétravail ne peut pas être étendu à toute activité professionnelle, l'isolement sur son lieu de travail n'est pas non plus une solution favorable. Il faut augmenter, et non réduire, le nombre de salles de conférences et de tous les autres espaces de rencontre. Plus d'interactions sont nécessaires, que ce soit sur les lieux de travail ou de loisirs, comme cela a déjà été largement envisagé dans cet ouvrage.

La question d'un accès égalitaire à Internet a été soulevée depuis longtemps. Le plan « France très haut débit » qui devait permettre de couvrir l'intégralité du territoire national en très haut débit avant 2022 a été lancé dès 2013. Le fait d'évoluer dans un milieu urbain, périurbain ou rural devrait être associé à une qualité de connexion équivalente. La possibilité de se mettre à l'abri non seulement du virus, mais aussi des préjugés et d'éventuels épisodes de violence doit être respectée chez ceux qui en ont fait le choix. Pour y parvenir il faudra, au-delà de la démocratisation de l'accès au numérique, renforcer les transports publics et améliorer la qualité des espaces publics. Ni la ville, ni la banlieue, ni le village ne peuvent constituer une finalité satisfaisante pour tous ; il faudrait plutôt parvenir à un compromis entre ouverture et densité, quel que soit le milieu concerné. La conception des espaces, des bâtiments et des villes devrait intégrer la diversité des identités et des trajectoires. Un monde inclusif ouvert sur l'avenir doit paraître familier à chacun. Il doit susciter un sentiment d'appartenance et en même temps n'exclure personne. Cette apparente contradiction constitue un défi que les concepteurs, qu'ils soient urbanistes, architectes ou ingénieurs, doivent relever en dépit de sa complexité.

Finalement, imaginer le monde du futur ne peut se faire sans l'acceptation de certains risques. Réussir sa vie n'est pas compatible avec un niveau élevé de protection, qui signifierait, pour prendre en compte le seul risque épidémique, de s'isoler pour éviter toute contamination potentielle. Si l'on y ajoutait la prise en compte du risque de catastrophe naturelle, d'exposition aux polluants, d'accidents de la circulation et tous les autres risques possibles, la vie se résumerait à se placer au sein d'une solide forteresse dont l'air serait filtré, où tout échange, tout accès à la culture et tout investissement professionnel passerait par un écran. La pauvreté et la facticité d'une telle existence ne sont pas compatibles avec sa réussite, qui passe nécessairement par l'ouverture, le contact avec l'autre et l'acceptation des aléas plutôt que par l'enfermement.

CHAPITRE 13

Perspectives

« Il faut cultiver notre jardin. »

VOLTAIRE, *Candide ou l'Optimisme.*

Un trop grand crédit accordé à de pures spéculations au détriment de la prise en compte de la situation qui a précédé limite les prédictions faites en temps de crise. Pour être pertinent, mieux vaut adopter une vision intégrative, c'est-à-dire tenir compte de la manière dont l'humanité est sortie des crises précédentes et dont elle s'est montrée capable de faire preuve de résilience. Au niveau individuel, les choix immédiats devraient être éclairés par une vision à long terme.

Privilégier l'environnement ou la santé ?

Appeler à des solutions à court terme fait courir le risque d'un impact négatif à long terme. Prenons l'exemple des trajets professionnels et des repas collectifs. Il est certain que recourir à son propre véhicule et se garder d'y faire monter quelqu'un d'autre pour se rendre jour après jour sur son lieu de travail est un comportement pertinent en termes de réduction du risque de contamination, à l'instar de la consommation de portions individuelles prudemment emballées lors des repas pris à plusieurs.

Nous pouvons penser ces attitudes positives pour la santé. Certes elles le sont à court terme, mais leur impact sur l'environnement, et indirectement sur la santé, sera très fortement péjoratif à long terme. L'équilibre entre prévention des risques sanitaires et respect de l'environnement reste à trouver.

Risque individuel et risque sociétal

L'expérience collective d'un risque accru de décès – pour soi, ses proches et ses connaissances – assortie d'une incertitude totale concernant l'issue de la crise pourrait favoriser un regain d'intérêt pour les déterminants d'une vie riche et pleine de sens, mettant en particulier en exergue la nécessité de se soutenir mutuellement, mais aussi de profiter de nos acquis culturels et de la nature. Ce sont ces comportements qui ont permis à de nombreuses personnes de supporter l'enfermement.

Or notre société ne pourra se réorienter vers une organisation plus solidaire, plus riche culturellement et plus écologique, que si elle échappe à une récession sévère qui placerait la survie économique en priorité numéro un. Espérons que nous n'aurons pas à faire face à une telle situation. En tout cas, sans nier les effets de la crise, il convient de ne pas sous-estimer le poids des habitudes et le désir de revenir à la normale, même si la situation que nous avons connue jusqu'en 2019 est définitivement derrière nous.

Vivre mieux

La reprise de la situation antérieure semble donc difficile à envisager ; peut-être d'ailleurs n'est-ce pas souhaitable ? S'il est certes difficile de se projeter dans un monde où nous serions sans cesse en train de craindre la mort, de nous protéger et de nous isoler, ne rien changer à notre fonctionnement pourrait relever d'une sorte de déni. Un changement qui ouvrirait des perspectives plus optimistes suppose nécessairement des modifications en profondeur. Prendre la mesure de ce qu'a révélé la crise pour prendre soin de notre environnement, de notre santé et de la qualité de notre vie sociale renvoie à des perspectives plus enthousiasmantes qu'un monde où le danger et la protection dominent. Nous pouvons espérer que les leçons de cette crise conduiront à des attitudes nouvelles, positives pour notre environnement et pour notre santé mentale. Parmi celles-ci, la réduction de la consommation d'écrans ; la promotion des activités physiques, notamment extérieures ; la recherche plus consciente du lien avec la nature, que ce soit dans les cercles scolaires et familiaux ; la promotion des activités culturelles figure en tête des débats d'idées auxquels nous assistons aujourd'hui. Nous devons également espérer un regain d'intérêt pour l'écologie et pour notre environnement qui, outre son effet bénéfique pour notre santé mentale, permettrait de faire face au changement climatique. Il faut rappeler ici que l'émergence des pathologies infectieuses peut résulter de ruptures d'équilibre dans nos écosystèmes. Ainsi, la perturbation d'un écosystème à un quelconque maillon d'une chaîne (du fait, par exemple, d'une déforestation ou du réchauffement) peut entraîner des rapprochements d'espèces autrefois éloignées et entraîner des contaminations en chaîne (entre insectes, animaux, humains) que ce soit par des virus, mais également par des parasites ou des bactéries.

Appréhender l'équilibre biologique dans son ensemble peut ainsi amener à de nouvelles approches de la santé, beaucoup plus intégratives, ne considérant pas un individu isolé, mais un individu en tant que l'une des composantes d'un écosystème global. C'est dans cette lignée qu'a émergé au début des années 2000 le concept de santé globale *One Health* (« une seule santé »), rapprochant les questions environnementales, animales et humaines. Intégrer ce concept permettrait de sortir d'une approche médicale anthropocentrée, voire focalisée sur un seul organe. D'une manière plus générale, nous pouvons appeler de nos vœux des approches plus intégratives et plus globales aux questionnements auxquels se trouve confrontée notre société moderne. Nous ne devons plus nous contenter d'approches de compensation à court terme, au coup par coup, laissant en permanence de côté le traitement de fond de problématiques qui ne peuvent que s'aggraver si nous les ignorons. Le principal apport des crises que nous avons vécues sera, espérons-le, la prise de conscience de la nécessité de reconsidérer notre mode de vie dans son ensemble et en profondeur pour dégager des perspectives plus favorables aux générations futures.

Références

PREMIÈRE PARTIE

Ce que la pandémie a changé dans nos vies

CHAPITRE 1. CE QUI NOUS EST ARRIVÉ

Bedford J., Enria D., Giesecke J., Heymann DL., Ihekweazu C., Kobinger G. *et al.,* « Covid-19 : Towards controlling of a pandemic », *Lancet,* 2020, 395, p. 1015-1018.

Bowe B., Xie Y., Al-Aly Z., « Acute and postacute sequelae associated with SARS-CoV-2 reinfection. », *Nature Medicine*, 2022, 28, p. 2398-2405.

Brightling C. E., Evans R. A., « Long Covid : Which symptoms can be attributed to SARS-CoV-2 infection ? », *Lancet*, 2022, 400, p. 411-413.

Brooks S. K., Webster R. K., Smith L. E., Woodland L., Wesely S., Greenberg N. *et al.* « The psychological impact of quarantine and how to reduce it : Rapid review of the evidence », *Lancet*, 2020, 395, p. 912-920.

Cianconi P., Betrò S., Janiri L., « The impact of climate change on mental health : A systematic descriptive review », *Front Psychiatry*, 2020, 11, p. 74.

Czeisler M. É., Lane R. I., Petrosky E., Wiley J. F., Christensen A., Njai R. *et al.*, « Mental health, substance use, and suicidal ideation during the Covid-19 pandemic. United States, June 24-30, 2020 », *MMWR Morb Mortal Wkly Rep.*, 2020, 69, p. 1049-1057.

Flaudias V., Zerhouni O., Pereira B., Cherpitel C. J., Boudessuel J., Chazeron I. de *et al.*, « The early impact of the Covid-19 lockdown on stress and addictive behaviors in an alcohol-consuming student population in France », *Frontiers in Psychiatry*, 2021, 12, p. 628631

Franck N., *Covid-19 et détresse psychologique. 2020 l'odyssée du confinement*, Odile Jacob, 2020.

Franck N., « Protéger sa santé mentale », *La Santé en action,* 2022, 461, p. 16-18.

Franck N., « Psychiatrie et santé mentale demeurent au second plan dans notre société », *La Santé en action*, 2022, 461, p. 25-27.

Franck N., Zante E., « Impact of recurrent lockdown on student mental health », *L'Encéphale*, 2021, 48, p. 583-584.

Franck N., Zante É., Orfeuvre É., Tanguy-Mélac A., Rolland B., Haesebaert F., « Covid-19 et santé mentale », *EMC-Psychiatrie*, 2021, 37-887-A-20.

Haesebaert F., Haesebaert J., Zante E., Franck N., « Who maintain good mental health in a locked-down country ? A French nationwide online survey of 11,391 participants », *Health and Place*, 2020, 66, p. 102440.

Haut Conseil de la santé publique, « Avis relatif à l'impact du Covid-19 sur la santé mentale », 6 juillet 2021.

Hickman C., Marks E, Pihkala P, Clayton S, Lewandowski R. E., Mayall EE, *et al.,* « Climate anxiety in children and young people and their beliefs about government responses to climate change : A global survey. », *Lancet Planet Health*, 2021, 5, p. e863-e873.

Krishnamoorthy Y., Nagarajan R., Saya GK., Menon V., « Prevalence of psychological morbidities among general population, healthcare workers and Covid-19 patients amidst the Covid-19 pandemic : A systematic review and meta-analysis. », *Psychiatry Research*, 2020, 293, p. 113382.

Leboyer M., Letessier M., Danne A. de, *Réinventer la santé mentale après la Covid-19*, Odile Jacob, 2021.

Melchior A., Van der Waerden J., Galéra C., Davisse-Paturet C., Vuillermoz C., Rouquette A., « L'impact de la pandémie Covid-19 sur la santé mentale des Français », *La Santé en action*, 2022, 461, p. 12-15.

Michel P., Franck N., Cambon L., Euller-Ziegler L., « Avis du Haut Conseil de la santé publique relatif à l'impact de la Covid-19 sur la santé mentale », *La Santé en action*, 2022, 461, p. 7-9.

Moreau D., « Covid-19 : l'irruption de la santé mentale dans le débat public », *La Santé en action*, 2022, 461, p. 19-21.

Moreau D., Du Roscoät E., Sebbane D., Franck N., « Promouvoir la santé mentale des populations en temps de Covid-19 », *La Santé en action*, 2022, 461, p. 3.

Ornell F., Schuch J. B., Sordi A. O., Kessler F. H. P., « "Pandemic fear" and Covid-19 : Mental health burden and strategies », *Brazilian Journal of Psychiatry*, 2020, 42, p. 232-235.

Orfeuvre E., Franck N., Plasse J., Haesebaert F., « Mental well-being in young people with psychiatric disorders during the early-phase of Covid-19 lockdown », *PLoS One*, 2022, 17, p. e0270644.

Prentice C., Zeidan S., Wang X., « Personality, trait EI and coping with Covid-19 measures », *Int. J. Disaster Risk Reduct.*, 2020, 51, p. 101789.

Rettew D. C., McGinnis E. W., Copeland W. *et al.*, « Personality trait predictors of adjustment during the Covid pandemic among college students », *PLoS One*, 2021, 16, p. e0248895.

Rolland B., Haesebaert F., Zante E., Benyamina A., Haesebaert J., Franck N., « Global changes and factors of increase in caloric food, screen and substance use during the early Covid-19 containment phase in France : A general population online survey », *Journal of Medical Internet Research Public Health and Surveillance*, 2020, 6, p. e19630.

Rosier F., « Covid-19 : l'OMS annonce la levée de l'état d'urgence sanitaire mondial », *Le Monde*, 5 mai 2023.

Taquet M., Luciano S., Geddes J. R., Harrison P. J., « Bidirectional associations between Covid-19 and psychiatric disorder : Retrospective cohort studies of 62 354 Covid-19 cases in the USA », *Lancet Psychiatry*, 2021, 8, p. 130-140.

Wang Z. H., Yang H. L., Yang Y. Q., Liu D., Li Z. H., Zhang X. R. *et al.*, « Prevalence of anxiety and depression symptom, and the demands for psychological knowledge and interventions in college students during Covid-19 epidemic : A large cross-sectional study », *Journal of Affective Disorders*, 2020, 275, p. 188-193.

CHAPITRE 2.
PEURS NOUVELLES ET RÉACTIVÉES PAR LA PANDÉMIE

De la Vega Don D., Betbèze J.-P., « Vers un hiver 2022/2023 pire que la grande crise financière de 2008 ? », *Atlantico,* juillet 2022.

Marion F., « 66 % des Français croient à l'effondrement de notre société », *Up*, 28 juillet 2021.

Stevens R., Servigne P., *Aux origines de la catastrophe, pourquoi nous en sommes arrivés là*, Les Liens qui libèrent, 2020.

DEUXIÈME PARTIE

Les écrans et nous

CHAPITRE 3. ÉTAT DES LIEUX

American Academy of Pediatrics, « Media and children », https://www.aap.org/en/patient-care/media-and-children.

App Annie, « State of mobile 2022. », https://www.data.ai/fr/go/state-of-mobile-2022.

Beugnet M., « Touch and See ? Regarding Images in the Era of the Interface », *InMedia*, 2020, 8.1.

Brogat A., « En France, le gouvernement envisage des restrictions des réseaux sociaux en cas d'émeutes », *France 24*, 5 juillet 2023, https://www.france24.com/fr/france/20230705-en-france-le-gouvernement-envisage-des-restrictions-des-réseaux-sociaux-en-cas-d-émeutes.

Centre de recherche pour l'étude et l'observation des conditions de vie (Credoc), *Baromètre du numérique,* édition 2022, Arcep, 30 janvier 2023.

Guedj P., « Quand la pop culture influence la violence », *Le Point*, 2657, 6 juillet 2023.

Hargittai E., *Connected in Isolation*, MIT Press, 2022.

Médiamétrie, « L'année TV 2021. Communiqué de presse », 19 janvier 2022.

Zieniūtė U., « Combien de temps de nos vies passons-nous en ligne ? », enquête menée dans quatre pays auprès de 5 000 adultes entre le 22 et le 30 juin 2021, NordVPN, https://nordvpn.com/fr/blog/temps-passe-en-ligne.

The Common Sense Census. « Media use by tweens and teens », 28 octobre 2019, https://www.commonsensemedia.org/research/the-common-sense-census-media-use-by-tweens-and-teens-2019.

Rolland B., Haesebaert F., Zante E., Benyamina A., Haesebaert J., Franck N., « Global changes and factors of increase in caloric food, screen and substance use during the early Covid-19 containment phase in France : A general population online survey », *Journal of*

Medical Internet Research Public Health and Surveillance, 2020, 6, p. e19630.

CHAPITRE 4. LA DÉPENDANCE AUX ÉCRANS

American Academy of Pediatrics, « Media and children », https://www.aap.org/en/patient-care/media-and-children.

Beard K. W., « Internet addiction : A review of current assessment techniques and potential assessment questions », *Cyber Psychology & Behavior*, 2005, 8, p. 7-14.

Bouichta A., « Le *doomscrolling*, cette habitude inquiétante pour votre état de santé », *Néon*, 20 juillet 2022.

Canguilhem G., *Le Normal et le Pathologique*, Presses universitaires de France, 1966.

Démétrovics Z., Szeredi B., Razsa S. N., « The three-factor model of Internet addiction : The development of the Problematic Internet Use Questionnaire », *Behav. Res. Methods*, 2008, 40, p. 563-574.

Desmurget M., « L'influence des médias modernes sur l'attention », *Cerveau & Psycho*, 2012, 9, p. 92-95.

Ganascia J.-G., *Servitudes virtuelles*, Seuil, 2022.

Hargittai E., *Connected in Isolation*, MIT Press, 2022.

Harlé B., Desmurget M., « Effets de l'exposition chronique aux écrans sur le développement cognitif de l'enfant », *Archives de pédiatrie*, 2012, 19, p. 772-776.

Kern L., Acier D., « Adaptation française de l'échelle Problematic Internet Use Questionnaire. French adaptation of the Problematic Internet Use Questionnaire », *L'Évolution psychiatrique*, 2013, 78, p. 357-371.

Paulus M. P., Squeglia L. M., Bagot K., Jacobus J., Kuplicki R., Breslon F. J. *et al.*, « Screen media activity and brain structure in youth : Evidence for diverse structural correlation networks from the ABCD Study », *NeuroImage*, 2019, 185, p. 140-153.

Richardson M., Hussain Z., Griffiths M. D., « Problematic smartphone use, nature connectedness, and anxiety », *J. Behav. Addict*, 2018, 7, p. 109-116.

CHAPITRE 5. LIMITER LE RECOURS AUX ÉCRANS

Beugnet M., « Touch and see ? Regarding images in the era of the interface », *InMedia*, 2020, 8.1.

Desmurget M., *Faites-les lire ! Pour en finir avec le crétin digital*, Seuil, 2023.

Dodgen-Magee D., *Restart. Designing a Healthy Post-Pandemic Life*, Rowman & Littlefield, 2021.

Miller W. R., Rollnick S., *Motivational Interviewing : Preparing People to Change Addict Behavior*, Guilford Press, 1991.

TROISIÈME PARTIE

Les bienfaits de la nature sur notre santé mentale

CHAPITRE 6. L'HOMME MODERNE, UN PRODUIT DE L'ÉVOLUTION

Buss D. M., *Evolutionary Psychology : The New Science of the Mind*, Psychology Press, 2019.

Darwin C., *De l'origine des espèces, ou des lois de progrès chez les êtres organisés*, Guillaumin, 1862.

Gerbault P., Liebert A., Itan Y., Powell A., Currat M., Burger J. *et al.*, « Evolution of lactase persistence : An example of human niche construction », *Phil. Trans. R. Soc. B.*, 2011, 366, p. 863-877.

Harari Y. N., *Sapiens. Une brève l'histoire de l'humanité*, Albin Michel, 2012.

CHAPITRE 7. NOTRE AFFINITÉ AVEC LA NATURE

Barbiero G., Berto R., « Biophilia as evolutionary adaptation : An onto- and phylogenetic framework for biophilic design », *Front. Psychol.*, 2021, 12, p. 700709.

Beery T., Jönsson K., Elmberg J., « From environmental connectedness to sustainable futures : Topophilia and human affiliation with nature », *Sustainability*, 2015, 7, p. 8837-8854.

Bennett K., « Environment of Evolutionary Adaptedness (EEA) », *in* V. Zeigler-Hill, T. K. Shackelford (dir.), *Encyclopedia of Personality and Individual Differences*, Springer International Publishing, 2018, 1-3.

Castro A. T., *Émissaires des morts*, tome 1 : *Démons invisibles* (*Unseen Demons*), Albin Michel, 2020.

Wilson E. O., *Biophilia*, Harvard University Press, 1984.

CHAPITRE 8. LES SOCIÉTÉS HUMAINES ET LA NATURE

Hublin J-J., Ben-Ncer A., Bailey S. E., Freidline S. E., Neubauer S., Skinner M. M. *et al.*, « New fossils from Jebel Irhoud, Morocco and the pan-African origin of *Homo sapiens* », *Nature*, 2017, 546, p. 289-292.

Lieberman D. E., « The story of the human body : Evolution, health and disease », Penguin Books, 2014.

Mitchell R., Popham F., « Effect of exposure to natural environment on health inequalities : An observational population study », *Lancet*, 2008, 372, p. 1655-1660.

Wilson E. O., *Biophilia*, Harvard University Press, 1984.

CHAPITRE 9. L'IMPACT DU MODE DE VIE URBAIN SUR NOTRE LIEN À LA NATURE

Kahn P. H., Kellert S. R., « The primate relationship with nature : Biophilia as a general pattern », *in* P. H. Kahn, S. R. Kellert (dir.), *Children and Nature : Psychological, Sociocultural, and Evolutionary Investigations*, MIT Press, 2002.

Kellert S. R., Heerwagen J. H., Mador M. L., *Biophilic Design : The Theory, Science, and Practice of Bringing Buildings to Life*, John Wiley & Sons, 2008.

Keniger L. E., Gaston K. J., Irvine K. N., Fuller R. A., « What are the benefits of interacting with nature ? », *Int. J. Environ. Res. Public Health*, 2013, 10, p. 913-935.

Liotta C., Kervinio Y., Levrel H., Tardieu L., « Planning for environmental justice – reducing well-being inequalities through urban greening », *Environmental Science & Policy*, 2020, 112, p. 47-60.

Wells N. M., Lekies K. S., « Nature and the life course : Pathways from childhood nature experiences to adult environmentalism », *Youth and Environments*, 2006, 26, p. 1-24.

Yamanashi Y., Hitoosa K., Yoshida N., Fumihiro K., Ikkatai Y., Sakamoto H., « Do chimpanzees enjoy a virtual forest ? A pilot investigation of the use of interactive art as a form of environmental enrichment for zoo-housed chimpanzees », *American Journal of Primatology*, 2022, 84, p. e23343.

CHAPITRE 10. LA NATURE AMÉLIORE NOTRE SANTÉ MENTALE

Bratman G. N., Anderson C. B., Berman M. G., Cochran B., Vries S. de, Flanders J. *et al.*, « Nature and mental health : An ecosystem service perspective », *Science Advances*, 2019, 5, eaax0903.

Engemann K., Pedersen C. B., Arge L., Tsirogiannis C., Mortensen P. B., Svenning J. C., « Residential green space in childhood is associated with lower risk of psychiatric disorders from adolescence into adulthood », *Proc. Natl. Acad. Sci. USA*, 2019, 116, p. 5188-5193.

Franck N., *Covid-19 et détresse psychologique*, Odile Jacob, 2020.

Haesebaert F., Haesebaert J., Zante E., Franck N., « Who maintains good mental health in a locked-down country ? A French nationwide online survey of 11,391 participants », *Health Place*, 2020, 66, p. 102440.

Jimenez M. P., Marcia P., DeVille N. V., Elliott E. G. *et al.*, « Associations between Nature Exposure and Health : A Review of the Evidence », *International Journal of Environmental Research and Public Health*, 2021, 18, p. 4790.

Kellert S. R., *The Biophilia Hypothesis. A Shearwater Book*, Island Press, Shearwater Books, 1993.

Lavigne E., Maltby A., Côté J.-N., Weinberger K. N., Hebbern C., Vicedo-Cabrera A. M., Wilk P., « The effect modification of extreme temperatures on mental and behavior disorders by environmental factors and individual-level characteristics in Canada », *Environmental Research*, 2023, 219, p. 114999.

Lee M. J., McLean K. E., Kuo M., Richardson G. R. A., Henderson S. B., « Chronic diseases associated with mortality in British Columbia, Canada during the 2021 western North America extreme heat event », *GeoHealth*, 2023, 7, e2022GH000729.

Lorenz K., « Die Angeborenen Formen Möglicher Erfahrung », *Zeitschrift Für Tierpsychologie* 2010, 5, p. 235-409.

Martin L., White P. W., Hunt A., Richardson M., Pahl S., Burt J., « Nature contact, nature connectedness and associations with health, wellbeing and pro-environmental behaviours », *Journal of Environmental Psychology*, 2020, 68, p. 101389.

Methorst J., Rehdanz K., Mueller T., Hansjürgens B., Bonn A., Böhning-Gaese K., « The importance of species diversity for human well-being in Europe », *Ecological Economics*, 2021, 181, p. 106917.

Methorst J., Bonn A., Marselle M., Böhning-Gaese K., Rehdanz K., « Species richness is positively related to mental health – a study for Germany », *Landscape and Urban Planning*, 2021, 211, p. 104084.

Pensini P., Horn E., Caltabiano N. J., « An exploration of the relationships between adults' childhood and current nature exposure and their mental well-being », *Children, Youth and Environments*, 2016, 26, p. 125.

Preuß M., Nieuwenhuijsen M., Marquez S., Cirach M. *et al.*, « Low childhood nature exposure is associated with worse mental health in adulthood », *International Journal of Environmental Research and Public Health*, 2019, 16, p. 1809.

Stobe E., Sundermann J., Ascone L., Kühn S., « Birdsongs alleviate anxiety and paranoia in healthy participants », *Scientific Reports*, 2022, 12, p. 16414.

White M. P., Alcock I., Grellier J., Wheeler B. W., Hartig T., Warber S. L., « Spending at least 120 minutes a week in nature is associated with good health and wellbeing », *Scientific Reports*, 2019, 9, p. 7730.

CHAPITRE 11. LES EFFETS DE LA NATURE SUR NOTRE CERVEAU ET SUR NOTRE ORGANISME

Bratman G. N., Hamilton J. P., Hahn K. S., Daily G. C., Gross J. J., « Nature experience reduces rumination and subgenual prefrontal cortex activation », *Proceedings of the National Academy of Sciences*, 2015, 112, p. 8567-8572.

Carrus G., Lafortezza R., Colangelo G., Dentamaro I., Scopelliti M., Sanesi G., « Relations between naturalness and perceived restorativeness of different urban green spaces », *PsyEcology*, 2013, 4, p. 227-244.

Jo H., Song C., Miyazaki Y., « Physiological benefits of viewing nature : A systematic review of indoor experiments », *International Journal of Environmental Research and Public Health*, 2019, 16, p. 4739.

Kang S., Kurtzberg T. R., « Reach for your cell phone at your own risk : The cognitive costs of media choice for breaks », *Journal of Behavioral Addictions*, 2019, 8, p. 395-403.

Kaplan R., Kaplan S., *The Experience of Nature : A Psychological Perspective*, Cambridge University Press, 1989.

Kim T. H., Jeong G. W., Baek H. S., Kim G. W., Sundaram T., Kang H. K. *et al.*, « Human brain activation in response to visual stimulation with rural and urban scenery pictures : A functional magnetic resonance imaging study », *Science of the Total Environment*, 2010, 408, p. 2600-2607.

Marselle M. R., Irvine K. N., Lorenzo-Arribas A., Warber S. L., « Does perceived restorativeness mediate the effects of perceived biodiversity and perceived naturalness on emotional well-being following group walks in nature ? », *Journal of Environmental Psychology*, 2016, 46, p. 217-232.

Stevenson M. P., Schilhab T., Bentsen P., « Attention Restoration Theory II : A systematic review to clarify attention processes affected by exposure to natural environments », *Journal of Toxicology and Environmental Health B. Crit. Rev.*, 2018, 21, p. 227-268.

Ulrich R. S., « View through a window may influence recovery from surgery », *Science*, 1984, 224, p. 420-421.

Ulrich R. S., Roger S., Simons R. F., Losito B. D., Fiorito E., Mark A. *et al.*, « Stress recovery during exposure to natural and urban environments », *Journal of Environmental Psychology*, 1991, 11, p. 201-230.

Ulrich R. S., Bogren L., Gardiner S. K., Lundin S., « Psychiatric ward design can reduce aggressive behavior », *Journal of Environmental Psychology*, 2018, 57, p. 53-66.

QUATRIÈME PARTIE
Pendant et après la crise du coronavirus

CHAPITRE 12. LES ENSEIGNEMENTS DE LA CRISE SANITAIRE POUR NOTRE MODE DE VIE

Amuasi J. H., Lucas T., Horton R., Winkler A. S., « Reconnecting for our future : The *Lancet* One Health Commission », *Lancet*, 2020, 395, p. 1469-1471.

Betsky A., « Design in a post-Covid-19 world. Architect », *The Journal of the American Institute of Architects*, 2 juin 2020.

Cour des comptes, *Les Dépenses publiques pendant la crise et le bilan de leur utilisation*, 9 septembre 2021, https://www.vie-publique.fr/rapport/281413-rapport-sur-depenses-publiques-pendant-la-crise-et-le-bilan-operationnel.

Femia A., Ardenne P., *La Bonne Ville. Pour une architecture bienveillante*, Archives d'architecture moderne (AAM), 2021.

Franck N., *Covid-19 et détresse psychologique. 2020 l'odyssée du confinement*, Odile Jacob, 2020.

Gillen N., Nissen P., Park J., Scott A., Shinga S., Taylor I., Featherstone S., *RETHINK Design Guide : Architecture for a Post-Pandemic World*, RIBA Publishing, 2000.

Houssin D., *L'Ouragan sanitaire. Comment sortir de la pandémie du Covid-19 et préparer l'avenir*, Odile Jacob, 2021.

Grossman I., Twardus O., « How life could get better (or worse) after Covid », *Greater Good Magazine*, 6 avril 2021.

Haut Conseil de la santé publique, *Avis relatif au recours à des unités mobiles de purification de l'air dans le cadre de la maîtrise de la diffusion du SARS-CoV-2 dans les espaces clos*, 14 mai et 21 mai 2021, https://www.hcsp.fr/explore.cgi/avisrapportsdomaine?clefr=1014.

Jarcy X. de, « Berlin, la fièvre des années 1920 », *Télérama*, 11 mai 2022, 3774.

Leparmentier A., « L'immense vague de départs dans les entreprises américaines bouleverse le marché du travail. », *Le Monde*, 25 janvier 2022.

Monier-Vinard B., « Où et à quel prix trouver son bonheur ailleurs ? », *Le Point*, 21 octobre 2021, 2567, p. 88-96.

Monier-Vinard B., « Changer d'air », *Le Point*, 17 mars 2022, 2588, p. 110-118.

Moore R., Sodha S., McKie R., Hinsliff G., Adams T., Bell T., « Life after Covid : Will our world ever be the same », *The Guardian*, 29 novembre 2020.

Mousavi E. S., Kananizadeh N., Martinello R. A., Sherman J. D., « Covid-19 outbreak and hospital air quality : A systematic review of evidence on air filtration and recirculation », *Environmental Science and Technology*, 2021, 55, p. 4134-4147.

Okamoto G., *Pour un monde post-pandémique tourné vers la croissance*, Fonds monétaire international, 20 juillet 2021.

Parker M., *Life After Covid-19. The Other Side of Crisis*, Bristol University Press, 2020.

René C., « Détruire le virus avec la chaleur du chauffage », *La Presse*, 9 juin 2020.

Rey-Lefebvre G., « Plusieurs études, dont celles de la Fédération nationale de l'immobilier, confirment la fuite des habitants des grandes villes vers les plus petites », *Le Monde*, 14 janvier 2022.

Rey-Lefebvre I., « Immobilier : sous l'effet du Covid la ville s'échappe lentement vers la campagne », *Le Monde*, 9 septembre 2021.

Voisin-Bormuth C., « Les métropoles françaises sont-elles dépassées ? », *Le Point*, 11 novembre 2021, 2570, p. 74.

CHAPITRE 13. PERSPECTIVES

Parker M., *Life After Covid-19. The Other Side of Crisis*, Bristol University Press, 2020.

Grossman I., Twardus O., « How life could get better (or worse) after Covid », *Greater Good Magazine*, 6 avril 2021.

Houssin D., *L'Ouragan sanitaire. comment sortir de la pandémie du Covid-19 et préparer l'avenir*, Odile Jacob, 2021.

Remerciements

Les auteurs remercient Isabelle Winkler et Yann Menguy pour leur lecture attentive d'une version antérieure du manuscrit et leurs conseils avisés ayant permis d'améliorer la clarté du propos. Ils sont également reconnaissants à Anne-Cécile Cornibert qui leur a fourni des conseils bibliographiques avisés, et à Caroline Rolland pour son travail d'édition pertinent et efficace.

Table

DEUXIÈME PARTIE

Les écrans et nous

TROISIÈME PARTIE

Les bienfaits de la nature sur notre santé mentale

DE NICOLAS FRANCK
CHEZ ODILE JACOB

Covid-19 et détresse psychologique ? 2020, l'odyssée du confinement, 2020.

Entraînez et préservez votre cerveau. Plus de vitalité cérébrale, 2013.

La Schizophrénie. La reconnaître et la soigner, 2006.

Cet ouvrage a été composé
en ITC Galliard et en Whitney
par Nord Compo
à Villeneuve-d'Ascq (Nord).

N° d'édition : 4150-0739-X – N° d'impression : 102376708
Dépôt légal : novembre 2023

Imprimé en France par Présence Graphique - Monts